美好家
Sweet Home

创新永恒

中国铁建地产 编著

U0674747

人民邮电出版社

北京

图书在版编目（CIP）数据

创新永恒 / 中国铁建地产编著. -- 北京：人民邮电出版社，2021.7
（美好·家）
ISBN 978-7-115-56713-0

Ⅰ. ①创… Ⅱ. ①中… Ⅲ. ①房地产开发－研究
Ⅳ. ①F293.34

中国版本图书馆CIP数据核字(2021)第129725号

内容提要

中国铁建地产集团现阶段通过轨道交通与城市、创新经营等业务来补强主业，当下聚焦"轨道交通TOD开发"与创新实践。本书详细介绍了TOD模式的理论发展、方向、路径探索，阐述了国内外知名城市TOD的设计理念、商业体系，结合实践工作中的创新经营案例，提出了创新实效的工作方法，分享了具有影响力的创业者案例等，汇聚创新的多方成绩，凝聚创新的更多力量，打造创新的灵活空间，通过展示一些优美的图片突显主题，让读者在舒心温情之间享受阅读、热爱生活、创新工作、提高效率。

本书适合从事房地产项目的专业人员和热爱生活、关注物业动态及社区活动等的人士阅读。

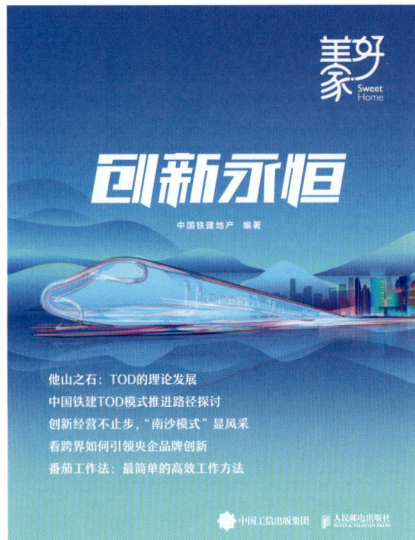

◆ 编　著　中国铁建地产
　　责任编辑　刘亚珍
　　责任印刷　陈　犇

◆ 人民邮电出版社出版发行　　北京市丰台区成寿寺路 11 号
　　邮编　100164　电子邮件　315@ptpress.com.cn
　　网址　https://www.ptpress.com.cn
　　雅迪云印（天津）科技有限公司印刷

◆ 开本：889×1194　1/16
　　印张：6　　　　　　　　2021 年 7 月第 1 版
　　字数：158 千字　　　　 2021 年 7 月天津第 1 次印刷

定价：58.00 元

读者服务热线：(010) 81055493　　印装质量热线：(010) 81055316
反盗版热线：(010) 81055315
广告经营许可证：京东市监广登字 20170147 号

公司地址：北京市海淀区复兴路40号中国铁建大厦B座
公司网站：http://www.crccre.com
投稿邮箱：meihaojia@crccre.cn

特别支持：中铁建南沙投资发展有限公司

本书部分图片提供：视觉中国

扫一扫关注　　扫一扫看铁建美好家

序 | PREFACE

创新赋能轨道交通与城市

交通是兴国之要、强国之基。

"十三五"期间，我国城市轨道交通新增运营里程达4360千米，超过过去五十多年建成里程的总和，建设规模、运营规模均稳居世界第一。一条条纵横交织的"轨道大动脉"成为提升城市品质、筑就美好生活、增强人民获得感与幸福感的重要支撑。

2019年9月，习近平总书记在出席北京大兴国际机场投运仪式时指出："要建设更多更先进的航空枢纽、更完善的综合交通运输系统，加快建设交通强国。"

2019年9月，中共中央、国务院印发《交通强国建设纲要》，提出加快轨道交通高质量发展，建设交通强国。2020年，在我国大力推进"新基建"七大领域中，城际高速铁路和城市轨道交通领域总投资规模最大，这就要求我国在现有产业的基础上，延伸与整合轨道交通产业链，推动轨道交通领域由"项目"向"产业"转变，释放更多的经济价值。伴随着轨道交通的发展，"建轨道就是建城市"的理念已经逐步形成。

党的十九届五中全会提出了"把握新发展阶段、贯彻新发展理念、构建新发展格局""开启全面建设社会主义现代化国家新征程"。国有企业要深入理解新发展阶段，牢牢把握新的职责使命；坚定贯彻新发展理念，大力推动高质量发展；积极构建新发展格局，充分发挥骨干的带动作用。2021年，在中国铁建股份有限公司（以下简称中国铁建）"实事求是、守正创新、行稳致远"的工作方针引领下，中国铁建地产集团锚定战略方向、聚焦经营指标，深化改革、开拓创新，提出了"一体两翼、多点支撑"的发展战略："一体"是指传统的住宅开发业务，要抓好"产品创效、运营创效、经营创效和主业赋能"，提质增效，保证创效版块定位；"两翼"是指以公共交通为导向的开发（Transit Oriented Development，TOD）、片区综合开发作为赛道性业务，实现业务多元和运营机理互补，培育新兴业务增长点，坚持细分与精准原则，朝着中国铁建全产业优化升级的方向，深度融入中国铁建经营大格局，做中国铁建全产业链优化升级的重要推动者；"多点支撑"是指以康养、租赁、海外等业务为支撑点，在赋能主赛道业务的同时，将它们作为战略储备性业务培育发展。

察势者智，驭势者赢。迎接新形势下的城市轨道交通发展，中国铁建的全产业链优势是企业应对行业洗牌、构建新发展模式的根本支撑，中国铁建地产集团以细分与精准的创新原则，坚持产业链竖向整合，集中资源发力赛道性业务，力求快速见效，培育新兴业务增长点，以创新业务的竞争优势反哺传统业务。中国铁建地产集团新的战略布局不仅是企业应对短期风险与挑战的战略举措，还是企业长期健康稳定发展的方向，打开空间，精心布局，找到企业独特的开发模式，形成企业的核心竞争力，争做新型城市化细分领域的龙头。

中国铁建地产集团已经全面开启"二次创业"新征程，企业转型换挡的冲锋号角已吹响。我们将乘着建党百年和"十四五"开局之年的东风，统一思想、坚定信心、凝聚力量、攻坚克难，坚持咬定青山不放松，脚踏实地加油干，努力绘就企业改革创新发展蓝图，朝着实现中国铁建地产梦的目标稳步前行！

中国铁建地产集团党委书记、董事长

2021年7月

目录 | CONTENTS

01
轨道交通与城市

02
创新经营

03

高效工作

04

创业者

轨道交通与城市

城市的日常经济、文化、政治、社会活动都离不开通畅的道路交通。然而，随着城市化进程的迅速推进和社会经济的快速发展：一方面，纵横交错的交通设施构成了城市的血脉和骨架，推动着每座城市大踏步地迈向现代化和国际化；另一方面，城市居民的汽车拥有量与日俱增，之前的交通系统规模较小，无法满足新的现实需求，交通拥堵导致城市发展受限。面对这样的困境，轨道交通是缓解城市交通拥堵问题的必然选择。城市轨道交通包括地铁、轻轨铁路等，发展城市轨道交通可以充分利用地下和地上空间，提高土地资源利用率。本部分详细介绍了轨道交通与地产开发相结合的以公共交通为导向的开发（Transit Oriented Development，TOD）模式，从政策解读、规划设计、投资经营、项目落地等全景式展现TOD模式如何与中国铁建地产集团"一体两翼、多点支撑"发展战略深度结合。

他山之石：
TOD的理论发展

文 / 宇恒可持续交通研究中心

30年前，拥有大城市里的一套房和一辆车就是中国很多年轻人的城市梦。30年过去了，我们的城市急速扩张，高楼大厦鳞次栉比，道路上车水马龙。与此同时，生活在城市里的我们却常常往返在两个多小时拥堵的上班路上。曾经温暖亲切的胡同和里弄早已被小汽车占据，周末我们只好带孩子去超级购物中心（Shopping Mall）玩乐。我们在城市中生活的空间，仿佛正在被"看不见的怪兽"侵噬。这并不是文艺青年一时的多愁善感，事实上，在已经完成了城市化的发达国家，越来越多的规划师和学者在认真思考这个问题。其中，美国的新城市主义规划学派提出的TOD模式，已经对修正城市发展道路提出了越来越全面的设想。

▶ TOD理论的历史沿革 ◀

1913年，福特汽车公司率先发明了汽车生产线，物美价廉的"T"型汽车迅速进入美国家庭。

地广人稀的资源禀赋和低廉的油价，迅速造就了美国郊区大面积同质化的居住区。随处可见的小汽车和楼房的郊区迅速吞噬了大面积的森林和草场，也吸走了城市中心的人口与活力。人们的居住与工作场所分离，丰富的城市生活变成乏味的两点一线。同时，郊区化还伴随着阶层与种族的空间分化，加剧了社会的对立与不满。在这一背景下，美国规划界逐渐涌现出新城市主义学派，他们认识到小汽车的过度使用，远远不是引起道路拥堵，或者能源浪费、环境污染这样简单，小汽车的发展"肢解"了城市结构，把人和生活驱离了城市空间，它引起的社会、经济与环境问

▲ 1908年，首辆福特"T"型车诞生

题远比想象的严重。人们开车出行，放弃绿色出行方式，就是一种糟糕的循环。于是新城市主义的规划师们希望从人性化的角度做出一些小调整，并把它们作为设计标准，旨在让城市变得更安全、更健康、更适宜步行与骑行，变成更友好的居住地。

在反思的基础上，新城市主义的规划师们也在积极寻找解决问题的路径。1993年，彼得·考尔索普（Peter Calthorpe）在《下一代美国大都市地区：生态、社区和美国之梦》一书中提出采用TOD模式替代郊区扩张的发展模式。

TOD模式是一种以公共交通为导向的开发模式，以地铁、公交干线等枢纽站点为中心，以400～800米（5～10分钟步行路程）为半径，将出行、居住、工作、购物、休闲、娱乐等功能集中于一体，形成高效、集约、舒适、绿色的城市空间。一体化的城市空间如图1所示。

▲ 源源不断的"T"型车被生产出来

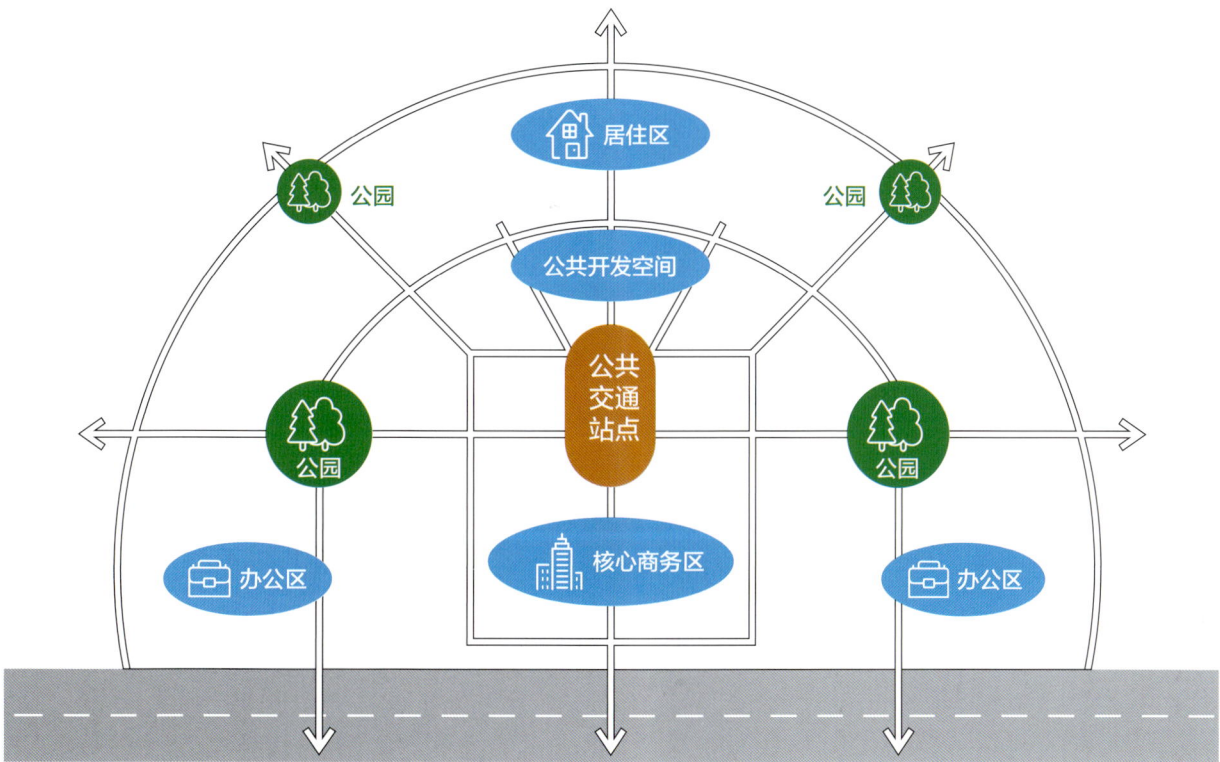

图1　一体化的城市空间

居民的出行不会过度依赖小汽车。同时，TOD模式强调公共交通枢纽与城市各级服务中心的耦合，使公共交通成为市民享受各类服务最方便的交通方式。

根据公共交通容量确定城市密度。大量调查表明，在轨道或公交站点300米范围内常住的居民，最有可能优先选择公共交通出行。因此，将居住人口与就业人口更加密集地分布在公交廊道和站点的步行范围内，一方面可以使城市只要建设有限的线路，就能为大多数人服务；另一方面，城市功能的适度集聚也保障了每条公交线路都有充足的客流。

鼓励将商务办公、居住区和商业服务设施混合布置在一个街区内，居住功能要兼容不同收入阶层和不同年龄的居民。就业功能与居住功能毗邻布局，不仅有助于提高职住平衡比例，减少远程通勤，而且在昼夜都有人流的街区能保证商业的活力和公共空间的利用率。混合居住的社群形态可以让低收入人群获得更多的就业机会，也可以为高收入人群提供便利的各类服务，社会公众频繁交往网络的形成能真正减少人们之间的隔阂，增加社会的稳定性。

设计适宜步行的街道和人性化的街区。国外设计师在实践中发现，只有通过精细的空间设计，提高公交和轨道站点周边的环境质量，才能真正创造就业岗位和吸引就业人口，实现站点周边聚集型发展。具体的做法是搭建以人为本、有活力的街道空间网络，串联各类有吸引力的店铺和服务设施，为人们的休憩、娱乐、活动提供多样化的场所，营造宜居的生活氛围。

提高道路网密度。有了公共交通的支撑，在城市地区，尤其是在公交和轨道站点的步行范围内，道路设计应该是以人的可达性和舒适性为本，而不是以车的机动性为本。各类研究表明，细而密的路网更有利于优化交通流，为步行的人们提供更直接的线路选择，从而使城市的交通环境更加宜人、安全、有序。

自行车网络道路优先。作为经济、低碳的出行方式，自行车的使用可以拓展轨道和大运量公交的服务范

▶ TOD理念在中国 ◀

2000年前后，TOD理念被引入中国，目前TOD已经成为热门的规划方式与有效的开发模式。

TOD赋能城市发展，是城市发展的必然选择，TOD为改变城市而生。TOD将多样化的城市功能集中布局，优化了城市网络结构，满足了居民多元化需求，进而推动城市的高质量发展、创造居民的高品质生活。TOD的终极使命是通过交通设施的衔接与互通，极大地提升周边物业的价值与收益，是基于基础设施带动土地增值、土地增值反哺城市发展的模式。

20多年以来，TOD模式也在最初的密度（Density）、多样性（Diversity）、以人为本的设计（Design）的"3D"法则基础上，融入了更多的内涵，概括而言，有以下几个方面。

通过快捷通勤建立紧凑的城市结构。城市结构的拓展要和大运量的公共交通紧密结合，保障新开发地区和老城中心之间有便捷的地铁或快速公交，使新开发地区

围。城市应建设完整的自行车网络道路，为市民提供舒适、连贯的骑行环境，鼓励更多的市民采用绿色出行方式。这种出行方式不仅可以缓解交通拥堵，还可以间接提高城市居民的健康水平。

发展高质量的公共交通。一方面，城市需要整合轨道、常规公交等各类公交线路，让公交服务形成合力，提升公交运营效率。另一方面，城市也应当保障大运量公共交通的路权，建设高效的公交枢纽和舒适的公交站台，提供高品质的公交服务。

适度限制小汽车的拥有率和使用率。越来越多的城市政府已经意识到，道路基础设施的投入只会进一步激发市民买车的欲望，修路根本无法解决城市的拥堵问题。同时，如果不能合理限制小汽车的使用，公共交通在速度方面就无法与小汽车竞争。因此，政府需要通过拥堵收费、在中心区提高小汽车收费，甚至在轨道站点邻近地区减少停车配套供给等方法，助力城市的TOD发展。

▶ TOD发展的重要空间 ◀

过去20多年来，我国轨道建设热潮迭起，轨道周边地区成为中国实现TOD发展的重要空间。但是，长期以来，各种因素导致我国轨道周边地区的建设并不尽如人意。例如，很多地铁站坐落在立交桥正下方的绿地中，人们无论从哪个方向到达地铁站，都要穿过至少4条机动车道；无论去哪个公交站换乘，都要至少走350米。很多城市外围的轨道站点周边一片荒凉，步行环境较差。

鉴于以上问题，2018年1月，数城未来、宇恒可持续交通研究中心和麻省理工学院的相关团队采用了数量和质量并重的理念，构建了中国城市轨道TOD发展指数框架，通过量化评价，从城市、线路和站点3个层次，为我国轨道沿线的TOD发展保驾护航。中国城市轨道TOD发展指数框架如图2所示。

很多城市轨道的建设没有兼顾数量和质量。从轨道建设的总数量来看，上海、北京、深圳等城市的轨道建设已达到一定的规模，具有较高的人口覆盖率和岗位覆盖率。上海、北京、广州的轨道站点的人口覆盖率超过25%，且这些城市的轨道站点岗位覆盖比例均超过43%。但是，如果以站点周围居住密度及岗位密度、功能多样性、环境精细化等质量性参数作为评价指标，我们就会发现，轨道建设规模大的城市在TOD发展质量方面的表现往往并不占优势。总体而言，珠三角地区的城市，例如，广州、深圳、佛山的质量指数比较突出，而环渤海地区城市的质量指数较低。

以轨道线路为单元进行评估，在线路质量指数前20名的榜单中，广州占据5席，上海、成都各占3席，

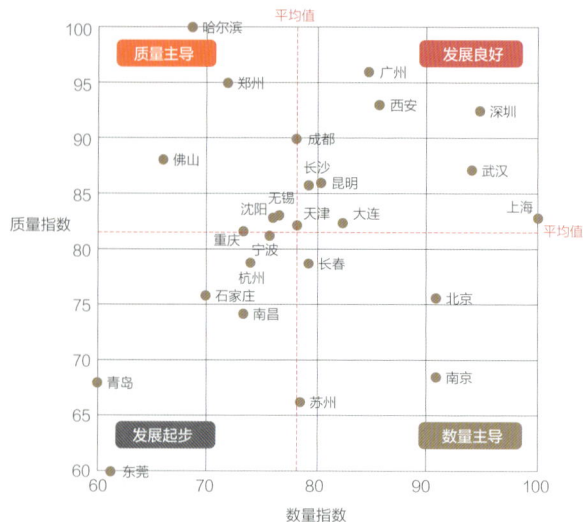

图2 中国城市轨道TOD发展指数框架

深圳占据2席。这些明星线路往往是穿越城市中心的线路，站点周边功能多样，活力十足。例如，排名第一的广州地铁APM线是广州旅游的特色线路，串联了广州最重要的旅游景点；排名第二的广州地铁一号线穿越老城区，堪称广州的"地道美食地铁线"。

聚焦站点层面，轨道站点周边TOD发展最好的城市大多分布在长江流域。武汉六渡桥站周围都是大型商场，底商密度高，还有四季美、蔡林记、福庆和等店铺，兼具现代活力与历史记忆；无锡的三阳广场地铁站有27个出

▲ 繁华无锡

▲ 三阳广场（地铁站）

入口，地铁站和周边的商业空间有便捷连通的各类地下通廊，不仅为乘客提供了便利，也使地铁的客流能够更快疏解。

三阳广场地铁站是无锡地铁1号线与地铁2号线的换乘站，是目前中国一次性建设完成的建筑面积最大的地铁站，总面积超过6.2万平方米。三阳广场地铁站共设有27个出入口，其中14个是直出地面的出入口，13个为与苏宁广场、恒隆广场、大东方百货、百盛等商厦连接的出入口。

通过给轨道沿线的城市建设打分，越来越多的人认识到，单纯建设轨道基础设施并不能实现TOD模式的城市发展，如果想真正优化城市功能、提升城市品质，就必须将轨道和城市的建设进行一体化考虑，在轨道站点周边实现集聚化、多样化和精细化发展，创造以人为本的城市环境。

中国社会科学院农村发展研究所、中国社会科学出版社在2020年联合发布的《中国农村发展报告2020》中预计，到2025年，中国城镇化率将达到65.5%。快速扩张的城市建设方式即将让位于品质提升的精细化发展。在这一转型发展的关键时期，我们更应以公共交通引导城市发展为目标，梳理优化城市的结构布局，限制小汽车的无序发展，通过人性化的街巷空间设计，把城市的空间重新还给行人和丰富多彩的城市生活，真正实现城市让生活更美好的目标。

（宇恒可持续交通研究中心于2005年创建于北京，并注册成为非营利机构，业务方面的主管单位为北京市朝阳区科学技术委员会。该中心作为可持续城市和可持续交通领域的专业技术团队，从事城市和交通领域的全国性示范项目建设、政策标准研究及技术培训。该中心引进具有先进理念的国际团队，与中国相关机构密切合作，共同构建合理的城市空间和交通布局，推动土地集约化和以公共交通为先导的开发模式，缓解城市交通拥堵，打造节能减排、建设低碳、可持续发展的宜居城市。）

TOD模式
——重要的发展方向

文 / 搜建筑

城市，作为一个有机体，始终存在新生与衰亡、保留与淘汰、保护与发展的挑战。交通拥堵问题的加重与土地资源的日益紧缺，使人们饱受困扰，这同时也引发了人们对城市发展模式的反思。为了实现城市的可持续化发展，优化城市空间，一种新的城市开发理念——TOD模式应运而生。

我国已经进入城市群和都市圈发展阶段，TOD模式发展空间巨大。据测算，我国TOD模式市场规模达到5万亿元。20世纪90年代初期，只有北京、天津和香港建设轨道交通；1993年，上海有了轨道交通一号线南段；1999年，广州正式开通运营了第一条地铁；到2004年，深圳地铁一号线通车……伴随着中国众多城市的轨道交通站点开发的热潮，TOD模式以点带面的城市触媒效应愈加突出，已成为城市综合体的发展趋势。

近年来，TOD开始与低碳城市、宜居城市、紧凑城市、城市综合体等新型概念结合起来。通过政策和对TOD模式的实践和创新，轨道交通TOD综合开发的规划路径逐步升级。TOD发展示意如图1所示。

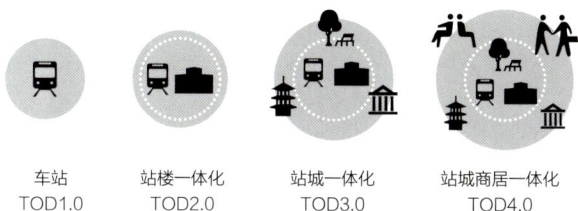

车站　　　站楼一体化　　站城一体化　　站城商居一体化
TOD1.0　　TOD2.0　　　 TOD3.0　　　 TOD4.0

图1 TOD发展示意

TOD1.0 🔍

在TOD1.0车站时代，城市边界被打破。从20世纪初开始，轨道交通逐渐普及，极大地增加了城市交通的运载效率，形成了TOD模式的初级形态。

TOD2.0 🔍

在站楼一体化时代，简单功能集聚。1920年之后，TOD概念被正式提出，在商业和交通相结合的思路的主导下，形成较为完善的轨道上盖商业系统、地下街商业系统和二层步行平台系统相结合的TOD2.0。

TOD3.0 🔍

在站城一体化时代，功能初聚合。日本的六本木及涩谷站就是典型代表，轨道交通建设已经和城市建设、房地产开发形成共同发展的结构，进一步整合了垂直交通的功能，从而实现了经济、社会价值最大化的TOD3.0模式，即"站城一体化"模式。

TOD4.0 🔍

在站城商居一体化时代，构建立体微都市，即"地铁站、城市、商业、人一体化"TOD4.0模式。TOD4.0是一个飞跃性的理念，以"人的需求"为驱动，在满足轨道交通、公共服务、物质消费的基础上，融入对人群行为的日常关照，将当地的自然景观、艺术氛围与城市个性结合，创造出富有独特魅力的场所。

TOD5.0 🔍

TOD5.0将会实现"高铁＋地铁＋产＋商＋城＋居＋人"一体化，拥有全球城市能级的国际交通枢纽能力，实现综合开发一体化。它描述了城市最新的"进化论"——在以人为主导的时代思潮里，如何在高效的城市中构建立体生活，让城市居民在拥有便捷生活的同时享受自然与艺术之美。TOD模式进阶如图2所示。

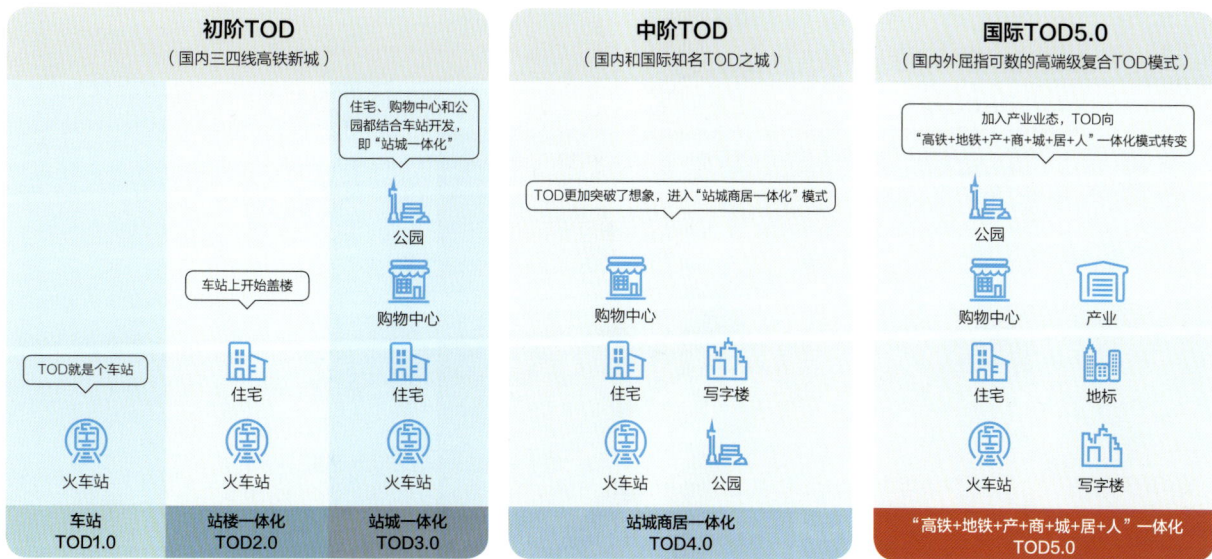

图2 TOD模式进阶

纵观国内外郊区轨道交通站点周边地区的开发，TOD模式大致可归纳为以下3种模式。TOD的3种模式如图3所示。

	TOD+ 新城中心	TOD+ 大型社区	TOD+ 特色小镇
特征	规模较大，一般为多个轨道站点服务范围；导入商业、商务、居住、娱乐等综合功能	主要功能是居住，逐渐自成体系	特色鲜明的宜居宜业宜游小城镇
优点	多功能复合；集约、高效	前期开发比较容易，易形成居住的规模效应	小而精，特而活
缺点	"三高"模式化（高层商务办公、高端商业、高档居住）	"卧城"现象明显，饱受诟病	需要特色资源或特色产业的挖掘

图3 TOD的3种模式

其中，"TOD+新城中心"和"TOD+大型社区"起源较早，而且已基本模式化，前者以"三高"开发为主，后者则追求"卧城"，向职住平衡新城镇升级。而"TOD+特色小镇"则是一种更灵活、更精致且创新的开发模式。

在我国，TOD模式已经进入快速发展阶段，目前，北京、上海、广州、杭州、深圳、重庆、成都等城市已经制订了各自的TOD建设计划。TOD模式已经成为我国一线城市未来建设的主要发展方向。

并非所有地铁周围的建筑模式都是TOD模式

TOD模式在实践中还易与另外两个概念混淆。

◎ TAD（Transit Adjacent Development）是指交通站点附近的开发。
◎ TJD（Transit Joint Development）是整合公交站点或者其他公交设施的房地产开发行为，是TOD在社区层面的延伸概念。

国内地铁周围的建筑采用的模式大多是TAD，这是TOD的简单版本。TAD缺乏对土地的总体规划，往往会导致商圈层叠、无序扩张，难以实现公共交通的价值提升。

对于国内一线大城市来说，越发紧张的土地资源和膨胀的人口数量会导致城市无限扩充，进而带来交通拥堵、生态破坏等问题。综合来看，与其他城市开发模式相比，TOD模式最大的不同是复合的业态规模和公共交通的发达性。

如果按照TOD模式建立起大型混合社区，它们拥有发达的公共交通和适宜的步行距离，人在其中能工作、生活、休闲，降低对小汽车的依赖，缩短通勤时间，这会大大提升城市居民的幸福感和宜居感。

优秀的TOD模式不只是地铁房，还需要有生机勃勃的商业体。

人们未来的出行大约是这样的：从自己家乘坐电梯直接到地下室，楼盘的地下空间和地铁站是打通的，在地下通道步行就可以抵达地铁站。

这就意味着，人们不需要去户外接受风吹、日晒、雨淋，通过楼宇扶梯就可以直接进入地铁站。除了出行方式的改变，TOD模式还会改变人们的生活方式。地铁站通常人流量较大，地铁周围的TOD项目都有商业配套，往往会围绕地铁站形成一个区域中心，大大提高人们生活的便利程度，走到地铁站去商业街区吃个饭，然后坐电梯就可以直接回家了。这就是所谓的"一站式"生活，这个"站"可以理解为地铁站。

每个TOD项目的宣传海报都极具未来感。出了小区门就是地铁站的入口。地铁站与大型商超综合体连通，吃喝玩乐样样不耽误，人们依托地铁站周边丰富的公交网络还可以快速抵达医院、学校等地方。

但是这些项目大多建在外环线，周边原本的配套设施很有限。至于那些商业生活配套，后期引进效果如何还未知，生活便利性还有待业主入住后体验。TOD项目设计的都是与地铁息息相关的建筑，地铁穿行时的轻微震动对楼房的影响有多少？TOD自带的商业体加上地铁站必将带来大量的人流，是否为居民日后居住的安全性带来不确定？同时，靠近商业资源所带来的灯光污染、噪声污染，也将深深影响居民的舒适感。TOD项目现在仍然比较稀缺，相关房产的价格自然会比较高，提高了购房者的居住成本。

随着城市范围的扩大，越来越多的开发商开始推出极具特色的住宅项目来满足市场的需求。但是真正能够解决城市生活痛点——不断加剧的道路拥堵，那还得看TOD项目。

说到TOD，我们首先会想到日本，日本将TOD规划做到了极致，成为众多国家效仿的对象。

仅日本东京的23个区就有轨道线路42条，行程为2246千米，日均客流量达1600万人次以上。轨道交通沿线的TOD项目随处可见，为区域经济发展注入了新的活力，成为城市转型发展的重要支撑。日本的TOD项目不断推陈出新，一跃成为世界性区域经济、文化与艺术的新地标，重新引领了TOD开发范式。

国内外的经典TOD项目案例有：日本东京著名的涩谷未来之光、二子玉川综合体、六本木新城；英国伦敦的金丝雀码头、国王十字火车站；法国的拉德芳斯；美国纽约的新世贸中心、富尔顿中心、高线公园与旧金山的Transbay中转站大楼；新加坡的乌节路综合体；中国香港的九龙站、中国香港国际金融中心、环球贸易广场等。

▲ 东京涩谷未来之光

📍 涩谷站
东京规模最大的TOD城市更新

　　涩谷站位于东京都涩谷区，为东日本旅客铁道（JR东日本）、东京地下铁、东京急行电铁（东急）及京王电铁的铁路车站，是东京的主要公共交通枢纽之一。

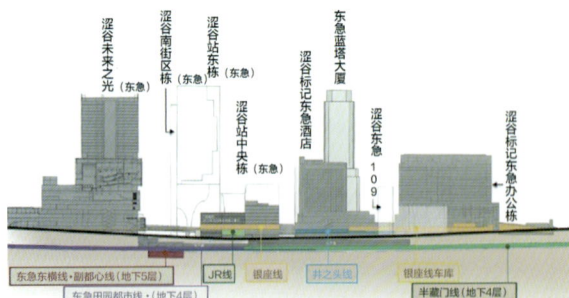

▲ 东京急行电铁（东急）主导的世界第二大交通枢纽开发项目
　　——高密度涩谷站综合开发剖面

▲ 涩谷站内部布局

涩谷站为地面、地下及高架车站，开发总面积约为5.5万平方米，涩谷站周边开发区域的五大功能分别为文化观光、创意创新、国际商务、商业活动及社区生活，1千米范围内的土地以商业为主，1～2千米范围内主要为居住区。涩谷站基础设施信息如图4所示，涩谷站相关位置及开发信息如图5所示。

涩谷站	
地区	东京都涩谷区
车站形式	地面、地下及高架车站
开幕年	1885年（主车站）/2016年（商业街）
运营线路管理单位	1. 东日本旅客铁道（JR东日本） 2. 东京地下铁 3. 东京急行电铁（东急） 4. 京王电铁
外围商业设施	1. 西武百货店（涩谷店） 2. 涩谷Loft 3. 东急百货店（涩谷店） 4. 涩谷地下街 5. 观世能乐堂 6. 涩谷东武饭店 7. NHK放送中心 8. 岸纪念体育馆
车站设施	1. 铁道 2. 商场

图4 涩谷站基础设施信息

地区	涩谷站南街区	涩谷站街区	道玄阪一丁目站前地区	涩谷站樱丘口地区	涩谷商业大楼
总部地板面积/m²	11.67万	21万（三栋大楼）	5.9万	24.14万	14.4万
开发主体	东京急行电铁、东横线邻接街区土地所有权人	东京急行电铁、JR东日本及东京地下铁公司	东急不动产公司	东急不动产公司	涩谷新文化区计划推进协议会
设施类别	高级办公室、商场及旅馆等	办公室、商场及户外展望台等	办公室、商场及巴士搭乘处等	办公室、商场、住宅等	办公室、商场、文化设施及日本最大的电影院等（2012年启用）

图5 涩谷站相关位置及开发信息

涩谷站TOD开发成功的要素有以下3个。

（1）采用"TOD+PPP（Public Private Partnership，政府和社会资本合作）"高强度开发模式，利用轨道交通提升公共交通分担率，提高交通承载力，打造以人为本的居住环境。

（2）复合城市功能，成功实现渐层开发的商业及住宅结合的城市开发。

（3）打造便捷舒适的步行网络，充分利用地下、地上及高架空间，形成立体化步行网络。

新宿车站
世界上最繁忙的交通枢纽之一

在日本众多的TOD项目中，围绕新宿车站蔓延出的商业区是最具代表性的项目之一。新宿车站是世界上最繁忙的交通枢纽之一，其特点是线路多，包含7条主干线和8个站点，车站连通外部的出口达200个，日吞吐量达340万人次，以车站为核心的商业实体有15座。

新宿车站看似复杂的结构并未影响其商业运营，它反而给各个商业体规划了合理的动线和入口，向地上商业靠拢，最大限度地规避地下空间的缺点。车站换乘部分着重打造"通行更为顺畅的多层步行网络"，形成地下车站、车站商业、地上车站、地上商业的无缝连接。

新宿车站四周与地上的购物中心及百货商场接驳良好，为车站东西两侧商业体设有与车站相连的地下通道。总体来说，新宿车站站台在地下二层，地下一层商业是连接周边商业的主干平台，分散在四周的商业体是其发散出的枝干。新宿车站相关信息如图6所示。

新宿车站TOD开发成功的要素主要有以下3个方面。

（1）多种交通设施共构，利用人工平台进行公交、长途客运及出租车换乘，它是重大的换乘节点之一。

（2）铁道上方人工平台共构建筑物，增加购物中心及商业街，提高商业收入。

（3）周边有美术馆、饭店、大型百货公司等，这些设施连成一片成为一日生活圈。

新宿车站	
地区	东京都新宿区、涩谷区
车站形式	地面及地下型车站
开幕年	1885年（主车站）/2013年东急东横线车站地下化
运营线路管理单位	1. 东日本旅客铁道 2. 京王电铁 3. 小田急电铁 4. 东京地下铁 5. 东京都交通局
外围商业设施	1. 小田急百货（新宿店） 2. 京王百货站 3. 日本兴亚美术馆 4. 综合医院 5. 新宿电影院 6. 新宿文化博物馆 7. 京王饭店
车站设施	跨站平台 铁道 商店街

图6　新宿车站相关信息

▲ 纽约超级TOD：哈德逊城市广场效果图

📍 纽约哈德逊城市广场
代表性的TOD案例

哈德逊城市广场项目占地面积约为1.1万平方米，总投资额超250亿美元，该项目的目标是打造"未来之城"，目前开放的区域主要是购物中心和The Vessel（中文意为容器，是广场的地标性建筑）。

哈德逊城市广场项目包括办公楼、高级酒店公寓、休闲公园、商业综合体、艺术中心等。它是KPF、福斯特、DS+R、Rockwell Group等多家极具影响力的建筑公司联手开发的项目。

曼哈顿的中心城区以鳞次栉比的商业大楼为主，高度现代化的都市设计让数百万人在此工作、休闲，帝国大厦、克莱斯勒大厦、洛克菲勒中心等一些著名的建筑都坐落在这个中心城区。除了商业建筑之外，该广场项目建造了一系列包括公寓住宅、学校、公园、艺术场馆等社区配套设施，将整个悬空区域打造成集生活、娱乐、餐饮、购物、商务等各种元素于一体的综合型社区。

纽约市已经为该广场项目周边的公共设施投入了40亿美元，包括延伸地铁7号线直通哈德逊城市广场、Javits（贾维茨）会展中心改建、修建哈德逊公园和大道、扩建空中花园等，扩建后的花园将穿过项目中的南大楼。

📍 香港九龙站
展现TOD多功能复合高密度的特性

九龙站以香港地铁开发的车站综合体为区域核心，综合体采用立体化城市设计，各类建筑建在交通枢纽核心之上，分类布局，共享同一个基座，不同性质的交通进行垂直向分层和水平向分区，巴士站点藏在大楼底下，不影响城市界面的连续性，减少噪声和污染。

除了香港地铁和巴士中心之外，这里紧邻西九龙广深港高铁的枢纽站，成为影响整个粤港澳都市圈发展格局的枢纽级TOD。

九龙站的TOD建筑面积超百万平方米，有约为7.25万平方米的服务式住宅、约23.18万平方米的写字楼、约8.28万平方米的购物中心。

整个九龙站项目的功能划分复杂，为了加强每个建筑个体之间的联系，在整个TOD设计中，200米以内的建筑通过平台公园联系，200～500米以内的建筑通过人行天桥联系，互通有无。

探索房地产
综合开发与综合立体交通网
建设融合发展

文 / 徐宇辰

交通是兴国之要、强国之基。2021年2月25日，中共中央、国务院印发了《国家综合立体交通网规划纲要》（以下简称《规划纲要》）。这是党中央对交通运输作出的又一重大战略部署，是我国重要的一个综合立体交通网的中长期战略性的、全局性的、布局性的规划纲要。

房地产业是参与推进以人为核心的新型城镇化建设的重要力量，从地理位置到产业链均与交通运输业高度关联。改革开放40多年来，房地产综合开发与城市公共交通、轨道交通相互促进，城市化和交通发展水平都得到了跨越式提升。在党的十九届五中全会强调加快发展现代化产业体系，加快建设交通强国，推进区域协调发展和新型城镇化的背景下，我们要进一步探索房地产综合开发与综合立体交通网建设融合发展，助推构建新发展格局，实现经济高质量发展。交通网融合发展规划期如图1所示。

规划期

- 2021年至2035年，远景展望到21世纪中叶
- 到2035年，基本建成便捷顺畅、经济高效、绿色集约、智能先进、安全可靠的现代化高质量国家综合立体交通网

★全国123出行交通圈

都市区1小时通勤
城市群2小时通达
全国主要城市3小时覆盖

★全球123快货物流圈

国内1天送达
周边国家2天送达
全球主要城市3天送达

实现

- 到21世纪中叶
全面建成现代化高质量国家综合立体交通网，拥有世界一流的交通基础设施体系，交通运输供需有效平衡、服务优质均等、安全有力保障。新技术广泛应用，实现数字化、网络化、智能化、绿色化。出行安全便捷舒适，物流高效经济可靠，实现"人享其行、物优其流"，全面建成交通强国，为全面建成社会主义现代化国家当好先行。

图1 交通网融合发展规划期

解读国家综合立体交通网

国家综合立体交通网是国家交通基础设施最高层次的空间网络，是国家综合交通运输体系的基础，是铁路、公路、水运、民航、管道等各种运输方式的主要通道和节点。

国家综合立体交通网最显著的特点可以用3个词来概括——统筹、融合、协调，是坚持系统理念，加强前瞻性思考、全局性谋划、战略性布局、整体性推进的重要体现。实体线网总规模如图2所示。

实体线网连接全国所有县级及以上行政区、边境口岸、国防设施、旅游景区等，到2035年，实体线网总规模合计70万千米左右（不含国际陆路通道境外段、空中及海上航路、邮路历程）。

1 铁路

高速铁路7万千米（含部分城际铁路）

普通铁路13万千米（含部分市级铁路）

2 公路

国家高速公路网16万千米左右

普通国道网30万千米左右

3 水运

国家高等级航道2.5万千米左右，及国境国际通航河流航道

全国主要港口63个

沿海主要港口27个

内网主要港口36个

4 民航

国家民用运输机场400个左右

国家航路网

5 邮政快递

5个全球性国际邮政快递枢纽集群

20个左右区域性国际邮政快递枢纽

45个左右全国性邮政快递枢纽

航空邮路
铁路邮路
公路邮路
水路邮路

图2 实体线网总规模

构建以铁路为主干，以公路为基础，水运、民航优势充分发挥的国家综合立体交通网，连接全国所有县级及以上行政区、边境口岸、国防设施、旅游景区等，不仅告别过去"铁公机水"自成体系、各自为政、发展受限的粗放式增长阶段，更好地加强交通运输资源的整合和集约利用，促进交通运输与相关产业深度融合，而且

进一步强调各主管部门之间在规划、建设、治理、评估等环节的协同配合，以及加强国际国内互联互通，形成面向全球的运输网络，更好地服务构建新发展格局和高水平对外开放。交通基地设施融合发展如图3所示。

图3　交通基地设施融合发展

构建现代化高质量国家综合立体交通网的优势

首先，构建国家综合立体交通网是跨部门、跨行业、跨地区的长期系统工程，可以充分发挥中央和地方、政府和市场、行业和社会各个方面的积极性，生动体现了党的领导、人民至上、集中力量办大事的中国特色社会主义制度的优越性，更好地促进了国土空间开发、产业转型升级和现代化经济体系建设，有效支撑国家重大战略实施，为全面建设社会主义现代化国家提供更有力的支撑。

其次，从经济发展角度来看，都市圈、城市群是下一步我国中速高质量发展的重点，蕴含着我国经济今后5~10年百分之七八十的新增长动能。《规划纲要》以构建现代化高质量国家综合立体交通网为载体，更好地促进人员、货物、商品、产业等要素自由、便捷地流动，形成集聚效应，激发高质量发展的强大动能，有利于推进以人为核心的新型城镇化建设。通过搭建"6轴、7廊、8通道"的国家综合立体交通网主骨架，将京津冀、长三角、粤港澳大湾区和成渝地区双城经济圈这四大"增长极"，以及8个组群、9个组团紧密连为一体，既满足支撑国土空间开发保护的底线要求，也充分发挥促进全国区域发展南北互动、东西交融的重要作用。重点区域实体线网如图4所示。

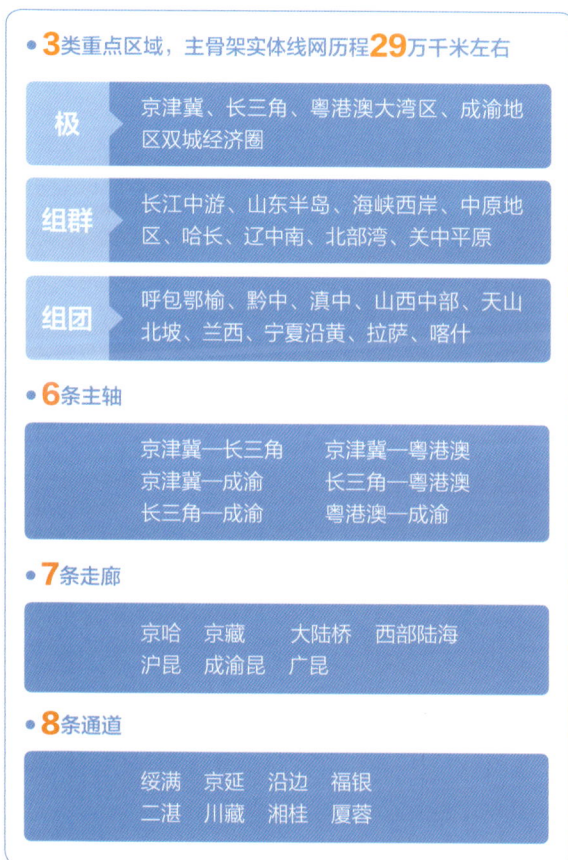

图4　重点区域实体线网

同时，交通基础设施也是一种营利性基础设施。随着经济进一步转型升级，无论是发展中高端的制造业，还是发展性价比更高的服务业，都需要和交通基础设施、国家综合立体交通网更高效地结合。建设国家综合立体交通网，一方面可有效优化运力组织，扩大运输规模，提高生产效率，降低物流成本，提升产品附加值和营利空间；另一方面将推进交通与相关产业融合发展，并进一步推动综合交通统筹融合发展，是形成稳固的基本盘，服务构建新发展格局的有力支撑。

最后，按照《规划纲要》划分的两个阶段目标，2035年我国将基本建成国家综合立体交通网，实现国际国内互联互通、全国主要城市立体畅达、县级节点有效覆盖，有力支撑"全国123出行交通圈"（都市区1小时通勤、城市群2小时通达、全国主要城市3小时覆盖）和"全球123快货物流圈"（国内1天送达、周边国家2天送达、全球主要城市3天送达）。到21世纪中叶，我国将全面建成现代化高质量国家综合立体交通网，实现"人享其行、物优其流"。

不断探索房地产综合开发与综合立体交通网建设融合发展

经过多年努力，我国已经建成一批辐射带动作用比较强的综合交通枢纽城市，同时也形成以机场、铁路场站为代表的一些大型综合交通枢纽，明显改善了交通运输服务质量和提高了运行效率。各类实施主体围绕房地产综合开发与综合立体交通网建设融合发展，进行了诸多探索。但在探索过程中也暴露了一些不足，集中表现为3个方面：交通枢纽功能单一，与城市融合发展的结合度还不够好，没有充分发挥带动作用；房地产开发企业的综合规划设计能力不足，对各类业态的配比不够合理，产业导入不充分，造成空间浪费、库存量大和企业的成本增加；相关产业政策存在空白，还需进一步加强顶层设计，亟待打破部分制约融合发展的壁垒。

针对这些不足，《规划纲要》提出了"三统一、一协同"的建设原则，也就是"统一规划、统一设计、统一建设、协同管理"。《规划纲要》指出推动新建综合客运枢纽各种运输方式集中布局，实现空间共享、立体或同台换乘，打造全天候、一体化的换乘环境；处理好交通枢纽与城市空间和产业发展之间的关系；推动站城一体、产城融合。目前，已经投运的北京大兴国际机场和作为我国首个高铁站城一体化项目的重庆沙坪坝站，都为进一步探索房地产综合开发与综合立体交通网建设融合发展提供了很好的范例。

"火车一响，黄金万两"这句俗语体现了铁路对我国经济发展的重要作用。经历了国家调控、行业洗牌、

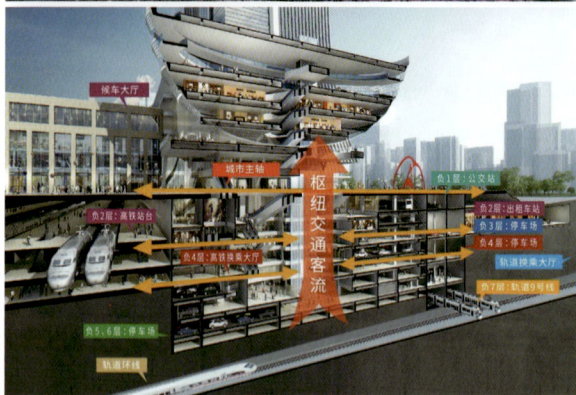

▲ 沙坪坝站铁路综合交通枢纽示意

市场横盘等挑战的房地产企业也从中捕捉商机，纷纷将战场转向TOD模式和产城融合领域，使城市深化综合开发和综合立体交通网建设融合发展具备了必要性和可能性。对照《规划纲要》提出的12项重点任务，建设综合交通枢纽集群、枢纽城市及枢纽港站"三位一体"的国家综合交通枢纽系统，促进干线铁路、城际铁路、市域（郊）铁路和城市轨道交通"四网融合"发展，推进以公共交通为导向的城市土地开发模式等具体要求，给继续探索融合发展创造了全新的契机和广阔的空间。国际性综合交通枢纽集群与国际性、国内综合交通枢纽城市见表1。

综合上述分析，我们建议从以下3个方面探索。

1 提高政治站位

房地产企业必须坚持以习近平新时代中国特色社会主义思想为指导，深入学习贯彻习近平总书记关于加快建设交通强国和促进房地产市场平稳健康发展的重要论述，坚持"房子是用来住的，不是用来炒的"定位；践行以人民为中心的发展思想，不断提高政治判断力、

政治领悟力、政治执行力，用发展的办法解决房地产综合开发与综合立体交通网建设融合发展不平衡、不充分的问题；把探索融合发展与支撑区域发展、新型城镇化建设、交通强国建设、乡村振兴等国家重大战略结合起来，在提振内需、刺激消费的同时，尽最大努力保障好民生需求。

② 完善顶层设计

充分发挥市场在资源配置中的决定性作用，更好地发挥政府的作用，推动有效市场和有为政府更好结合。政府要加大配套政策的出台力度，积极鼓励和引导房地产企业参与综合交通枢纽及周边配套设施、园区建设；加强资源支撑，进一步拆除地方政府、行业主管部门、交通运输企业之间的流程阻碍和制度藩篱，提高交通用地复合程度，盘活闲置交通的用地资源，完善公共交通引导土地开发的相关政策；重点支持建筑央企等具备全产业链开发优势的综合建筑产业集团以相对较低的价格获取大规模产业用地，并配建适量的住宅、商办类产品，以满足职住平衡需求；对积极参与国家综合立体交通网建设的房地产企业，给予税收优惠，采取差异化的信贷、融资措施，降低企业的资金成本；完善支持社会资本参与政策，让社会资本进得来、能发展、有作为。

③ 深化改革创新

房地产企业必须在认真学习《规划纲要》的基础上，把改革创新作为探索房地产综合开发与综合立体交通网建设的根本动力，促进融合发展；对标世界一流企业，加大改革力度；充分发挥企业的创新主体地位，不断探索符合党和国家大政方针、房地产行业发展趋势、企业持久健康高质量发展要求的增长模式、实施路径和体系机制。

表1 国际性综合交通枢纽集群与国际性、国内综合交通枢纽城市

综合交通枢纽类型	组成
四大国际性 综合交通枢纽集群	以北京、天津为中心，联动石家庄、雄安等城市的京津冀枢纽集群
	以上海、杭州、南京为中心，联动合肥、宁波等城市的长三角枢纽集群
	以广州、深圳、香港为核心，联动珠海、澳门等城市的粤港澳大湾区枢纽集群
	以成都、重庆为中心的成渝地区双城经济圈枢纽集群
20多个国际性 综合交通枢纽城市	北京、天津、上海、南京、杭州、广州、深圳、成都、重庆、沈阳、大连、哈尔滨、青岛、厦门、郑州、武汉、海口、昆明、西安、乌鲁木齐等
80多个全国性综合交通枢纽城市	

资料来源：交通运输部网站

（本文作者系中国铁建地产集团企业改革与发展管理中心职员）

国内TOD现状、困难与发展方向

文 / 卜一凡

　　近年来，随着城市的高速发展，各地"城市病"逐渐显现，为解决这一难题，TOD这种以公共交通为导向的城市发展模式引起国家及各大城市的高度重视。英国伦敦、日本东京、中国香港等城市经过多年的摸索成为TOD项目的典范，通过对比不难发现，这些城市在TOD的实践中存在很大差异，主要原因在于TOD项目需要综合考量各地政策导向、城市结构、站点客流量和周边布局等，我国在实践中需要不断学习摸索，积累经验。

国内TOD的起步与发展

- *2013年，深圳市提出"建轨道就是建城市"成为我国TOD发展的萌芽。*

- *2014年8月，国务院办公厅印发了《关于支持铁路建设实施土地综合开发的意见》，第一次以文件的形式正式提出TOD概念。*

- *2015年11月，住房和城乡建设部印发了《城市轨道沿线地区规划设计导则》，对TOD规划技术准则做出规范。*

随后几年内，各大城市及轨道交通论坛不断对TOD进行细化，提出"轨道+物业""轨道+社区""轨道+小镇""轨道+新城"等新型建设理念。

截至2019年年底，我国有40个城市开通了轨道交通并投入运营，其中超过半数城市已经将TOD发展模式写入城市发展战略，这得益于各地方政府的大力支持，不断出台TOD相关的政策和规范措施，为土地出让和投融资提供新的途径。最具代表性的城市有成都、广州、上海等。其中，成都在TOD领域的推动力度最大。2020年5月，成都轨道交通集团发布了首批TOD地图，包含了14个示范项目及2个新项目，基本达到了"一区一示范"的规划理念，项目数量及政策推动力度名列全国第一。

从全国地铁交通来看，国内已建地铁的城市达到36座，另有15座城市获批修建地铁资格，未来，全国将至少有51座城市拥有轨道交通系统。综合来看，我国在政策导向及城市基础设施上都有充分的基础，可大力推进TOD项目的发展，这吸引了各大地产开发商纷纷在国内一二线城市展开布局，中国铁建同样将TOD项目列入"十四五"时期的重点规划中，相信TOD将在城市发展的下一轮角力中占据至关重要的地位。

政策指引下的TOD项目拿地现状

近年来，国内各大城市相继推出TOD相关政策，结合各地已开展的TOD项目资料梳理情况，目前国内地产开发商在参与TOD项目时主要有4种拿地渠道：一是附加出让条件的招拍挂；二是一二级联动拿地；三是国有土地股权作价出资；四是特定用途土地协议出让。4种拿地渠道见表1。

国内各TOD项目根据实际情况在拿地模式上存在不同的组合，但目的都在于控制拿地成本，将资金投入实际建设中，更好地促成周边地区一体化开发，真正做到反哺公共交通。

表1 4种拿地渠道

拿地方式	内容	典型案例
附加出让条件的招拍挂	包括但不限于政府在招标公告内要求参与竞标的主体具备铁道线路及附属设施的建设、运营和管理能力，并无偿承担一部分周边设施的建设任务等	万科、龙湖、碧桂园等企业都存在以附加出让条件的招拍挂方式获取土地开发权的TOD项目，例如，顺德潭州湾、成都大丰街道等
一二级联动拿地	通过参与土地一级整理，将生地（毛地）做成熟地，再拿地进行物业二级开发。其中，土地一级整理包括征地拆迁（政府主导）、土地平整、市政配套、公共设施配套等。物业二级开发包括摘地、物业建设开发、租售和管理等	成都新通大道站TOD等项目的开发是基于招拍挂土地出让后由摘地的开发主体负责土地的一二级开发
国有土地股权作价出资	政府将应收取的土地价格评估值作为资本金或股本金的方式将土地出让给企业，依靠这种非货币交易模式进行土地出让	深圳地铁三期项目、南宁火车站片区城市更新项目
特定用途土地协议出让	地方政府出台政策，对于既有轨道交通场站综合建设用地，在轨道交通场站本体工程完成后，由综合开发主体负责经营性"上盖"建设，但土地使用权不得转让	上海市2016年将这种土地出让模式写入37号文件，明确在完成土地储备的"净地"后可以将土地使用权出让给综合开发主体

在以上4种拿地渠道中，附加出让条件的招拍挂方式仍是各大地产开发商的主要选择。这种拿地渠道的优势在于：理论上由同一个开发主体主导轨道交通运营、地铁上盖建筑及周边物业设施的建设规划，真正做到对城市基础设施和城市土地进行一体化开发和利用。在实际操作中，一二级联动拿地最终需要参与土地整备的开发商通过招拍挂的方式摘地，一方面因为TOD项目依托于公共轨道交通，二者在前期规划和同步建设上需要统筹协调，为了合理利用资源，开发主体需要在土地一级开发时介入项目；另一方面参与土地一级开发的主体在招拍挂时具有一定的优势。

TOD模式在实际操作中面临的问题

问题一 开发主体的规划理念及操盘能力有待提高

目前，国内TOD发展已从增量时代向存量时代转移，但大部分地产开发商参与的项目数量是有限的，实践经验的缺乏导致企业在项目规划、地铁上盖建筑的开发带动区域经济发展、协同各方社会资源等方面考虑不足。开发商对综合开发的实际定位没有达到协调轨道交通经济、带动城市高品质发展的高度，无法实现TOD项目一体化统筹布局带动城市升级的核心目标。

一些地产开发商对于TOD项目的操盘能力仍然有待提高，项目的各个阶段都存在优化空间，从前期的选址、可行性研究、立项审批，中期的施工进程规划、与轨道交通的协调建设及后期的招商、物业运营能力，以及项目管理水平，同时TOD项目的开发建设存在前期投入高、开发周期长、投资回报慢、设计难度高等痛点，这些也都在激励地产开发商提升自身的专业能力。

问题二 拿地方式单一，开发收益无法得到有效保障

拿地仍是TOD模式的关键，4种拿地渠道中附加出让条件的招拍挂仍然是开发主体获取土地的主要渠道。我国《节约集约利用土地规定》中明确提出"国家机关

办公和交通、能源、水利等基础设施、城市基础设施以及各类社会事业用地中的经营性用地，实行有偿使用""经营性用地应当以招标拍卖挂牌的方式确定土地使用者和土地价格"。面对主流的招拍挂拿地方式，地产开发商想要入局，通常需要联合轨道交通公司或完全独立开发，这种开发方式存在一个严重问题，即参与土地一级开发的地产开发商仍然需要通过招拍挂的方式获取土地，而"净地""熟地"并不能带来足够的收益，如果地产开发商在二级开发招拍挂时未能获得开发权，那么将导致收益大打折扣。

问题三 轨道交通建设与开发衔接难度大，缺少系统程序

　　轨道交通主体建设与物业开发因建筑类型、建设时间等方面的差异，存在衔接上的难点：第一，二者在分类上存在明显差异，前者为工业建筑，后者为民用建筑，在管理技术准则上无法统一，在施工规划上须区别考虑；第二，TOD模式不是简单地在地铁上盖建筑，而是要真正做到站城一体，这就需要在轨道交通施工阶段为后期充分考虑，例如，轨道交通的隔音降噪、后期建筑需要的荷载及风水电等相关设计条件的预留。房企只有在通过招拍挂方式获取土地后才可进行后期的开发，时间将严重滞后于轨道交通建设，而轨道交通运营存在时间压力，会挤压物业的开发工期；而如果采用包容性预留，则会大大增加后期的开发成本，进而影响后期的开发收益。

地产开发商在TOD模式下的发展方向

　　TOD模式已经成为国内各大地产开发商下一轮角力的重心，同时，2020年8月发布的"三四五"融资新规也在加速地产开发商的洗牌，而TOD模式为中国铁建地产集团提供了一次宝贵的"弯道超车"的机会。

提升城市规划能力，提升企业地位

　　TOD项目是为整座城市建立起配套设施，为开发地段打造核心功能、聚集人流，从而带动区域经济的发展，这需要地产开发商在城市规划能力上具备顶层设计的能力。

与地铁集团合作，做到同步开发

　　当前，以地铁为导向的TOD项目仍是发展的重心，地产开发商实现"地铁+物业"发展模式的途径还需要通过与轨道交通公司深入合作，充分发挥双方的优势。

提前布局智慧城市，提升国际化水平

　　城市规划理念发展迅猛，而实业建设存在明显滞后，在TOD理念的冲击下尚未做好准备的地产开发商必定处于被动位置。近来，智慧城市已经成为各国一线城市的发展热点，借助大数据、云计算、人工智能等科技，为城市生活提供最优质的解决方案，地产开发商想要打破目前的格局、向领先企业迈进，必须在发展热点到来前做好布局。

（本文作者系中国铁建地产投资公司职员）

中国铁建TOD模式推进路径探讨

文/赵志宾

城市的发展离不开产业和人口，而TOD模式围绕地铁站点进行了高强度开发，这对产业和人口的集聚有强大的引导作用。各大开发商都在布局TOD业务，中国铁建是城市轨道交通的主要建设者，在参与轨道交通站点及沿线周边土地开发利用上具有得天独厚的优势。本文将探讨如何发挥中国铁建的产业链优势，推进中国铁建的TOD模式落地，引导TOD产业集聚发展，从而使中国铁建实现在TOD细分领域占据更大市场份额的目标。

TOD模式与产业集聚

1 TOD模式引导产业集聚

以TOD模式开发的区域，拥有便捷的交通、优越的区位及大体量的写字楼和住宅，为产业集聚提供了良好的条件。TOD模式吸引服务业及生产性服务业在TOD区域集聚，使区域内人流和人气攀升，促进经济发展。经济的发展进一步吸引相关的产业集聚，增强了区域的核心竞争力，实现了良性循环，TOD引导产业集聚示意如图1所示。TOD区域强大的集聚能力从本质上引导着产业集聚，产业在TOD区域也能得到良好的发展，既可以利用城市轨道交通吸引的人流实现产业自身的发展，也可以为城市轨道交通提供通勤的人流，实现双赢。

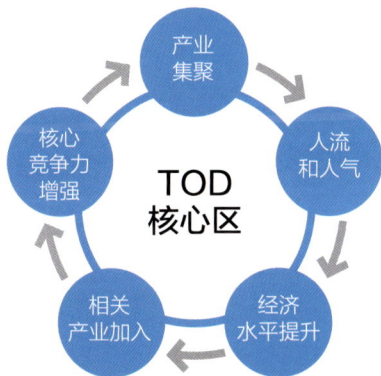

图1 TOD引导产业集聚示意

因此，在城市轨道交通站点周边土地开发之初，就应将产业的导入及发展与开发建设融为一体，以TOD理念统筹规划，协调发展，在进行集约化和高密度开发的同时，引导现代服务业及生产性服务业集聚，使开发建设完成后快速实现招商入驻，稳定人流和税源，为城市轨道交通站点综合开发提供资源和资金保障，促进站点区域产业发展和经济增长。

2 TOD模式下产业分布

从产业结构和布局的角度出发，在城市轨道交通站点周边进行产业布局时，产业不仅要结构完善，还要分布合理。日本六本木新城和中国香港九龙站均以站点为核心，建立了集餐饮、休闲、娱乐、购物、办公于一体的产业综合体，与主导产业相辅相成，共同发展。

TOD开发模式依托城市轨道交通站点，将站点周边建筑集合在一个基座上，形成"TOD城市综合体"。从城市功能来讲，"TOD城市综合体"是将城市中的商业、办公、居住、酒店和交通等城市空间要素组合，各要素之间相辅相成、相得益彰、共同发展，构成一个有机的城市生态系统，TOD城市生态系统示意如图2所示。其本质属性是建筑功能上的集约高效。

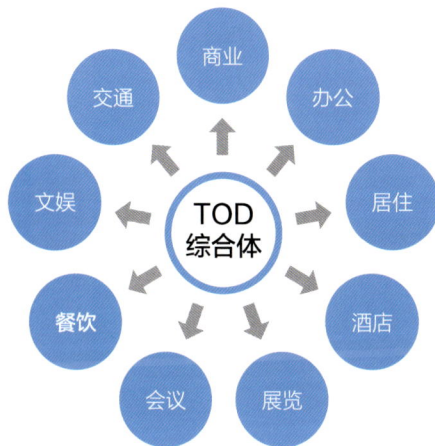

图2 TOD城市生态系统示意

TOD立体化设计使站点区域空间布局更加紧凑，土地利用效率提高，空间的集聚性得以最大程度发挥，建筑与站点一体化设计使公交换乘更便捷，充分发挥了站点的功能。在TOD模式下，产业一般以站点为核心，根据自身的属性由内而外合理布局，站点周边产业分布示意如图3所示。

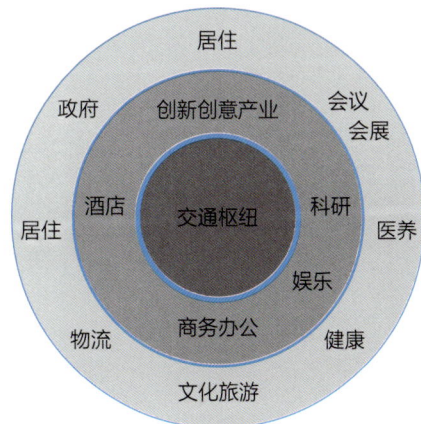

图3 站点周边产业分布示意

中国铁建全产业链优势

中国铁建现在是中国乃至全球最具实力、最具规模的特大型综合建设集团之一，为国务院国有资产监督管理委员会管理的特大型建筑企业，2020年《财富》"世界500强企业"排名第54位。中国铁建业务涵盖勘察设计、工程承包、房地产等八大版块，具有成熟的产业资源，可构造从科研创新、勘察设计、施工建造到维护运营、投融资等城市轨道交通建设的全产业链，并可兼顾新城新区城市功能，发展生活配套服务产业，中国铁建全产业链如图4所示。

图4　中国铁建全产业链

中国铁建全产业链是企业应对行业洗牌、构建新发展模式的根本支撑。中国铁建制订了"十四五"期间"做强做优做大、推动高质量发展"的整体战略规划，致力于转型成为世界一流的投资建设综合企业，并在2021年工作会议上提出了"聚焦产业升级、强化协同融合，实现产业上台阶"的发展目标，以期实现系统内产业转型升级和协同创新，充分发挥全产业链优势。中国铁建地产作为中国铁建旗下具有开发资质的央企，也提出了"一体两翼、多点支撑"的新战略，就是为了更好地融入中国铁建协同经营大格局，发挥协同拉动作用，主动服务构建新发展格局，充分发挥中国铁建品牌优势、平台优势、全产业链优势、经营网络优势、金融优势等，更好地发挥中国铁建全产业链的优势和系统合力，找到适合企业发展的复合开发模式，实现业务多元和运营机理互补，培育新兴业务增长点，实现TOD、片区综合开发两大赛道性业务突破，达到细分领域的领先水平。

中国铁建TOD模式推进路径探讨

中国铁建参与TOD新城开发建设，不仅能为TOD新城开发及城市轨道交通的建设提供技术和资金支持，保证TOD新城开发合理有序进行，也能整合中国铁建旗下全产业链资源，起到大企业的引领作用，为TOD新城产业集聚创造良好的基础条件。

1 建立协作机制，引导政企协作开发

中国铁建深度参与各地轨道交通建设，可以借此契机，引导政府对轨道交通线路及站点周边土地以TOD模式进行综合开发利用。

从开发主体的角度来看，站点周边开发模式可分政府主导模式、企业主导模式及政府和企业协作开发模式。在政府和企业协作开发模式下，政府进行土地整理及规划后可采用先协议出让轨道交通周边综合用地，再作价入股方案解决土地难题，获得土地收益，从而缓解地方政府的债务压力，提高项目的运营效率。中国铁建进行土地开发和建设，发挥企业自主经营能力，根据政府规划的要求，在进行住宅、商业开发的同时，建设配套和服务设施，并整合自身的产业资源，在政府的支持下招商，引进符合要求的产业，实现快速招商入驻，促进区域经济增长。例如，在中国香港九龙站的开发上，港铁公司获得了土地开发权，以合作开发的方式联合了多家开发企业，不仅

发挥了企业的特长，而且为开发提供了资金支持，为后期招商入驻奠定了基础。

因此，在TOD建设之初，中国铁建需要积极引导政府建立协作机制，明确政府与中国铁建的合作模式，结合站点区域产业定位，整合产业资源并充分发挥政府宏观调控手段，制定合理政策，为企业的开发建设及产业的发展奠定基础。

2 产业协同创新，发挥全产业链优势

产业导向下的TOD模式重点是产业，然后是规划和建设，需要统筹考虑产业导入与开发建设。在TOD模式下，中国铁建或旗下开发企业需要成立专业的产业资源整合团队，整合旗下成熟的上下游全产业链资源，充分发挥产业协同的作用，构造以轨道交通研发为主导的生产性服务业生态圈，以产业导入为突破口，引导产业以轨道交通站点为核心集聚，承载中国铁建区域总部及中国铁建全产业链版块产业资源，带动上下游及关联企业产业集群落地，实现"投、融、建、营"与城市建设发展融合的一体化新生态，引导片区综合开发。在积累一定的经验后，产业整合团队可通过各行业领先企业，整合外部产业资源，为外部企业提供总部基地建设、税收减免、融资、住房、医疗、教育等一条龙服务，打造属于其行业特色的TOD产业综合体，以产业导入为突破口，引导相关联的产业集聚，形成"产业+地产"的产城融合开发模式。

3 合理配置产业结构，形成标准化产品线

在TOD模式下，轨道交通站点周围的土地价值以站点为核心向外逐级递减，在这片区域建立集餐饮、休闲、娱乐、购物、办公于一体的产业综合体，与主导产业相辅相成，共同发展。各类业态配比需要进行合理化配置，提高土地利用效率，以期实现产业集聚的规模化和人流导入的快速化。中国铁建需要成立专业产品研发团队，对不同类型的站点周边写字楼、集中商业、底商、住宅等业态进行合理化配置和布局，以及对与站点不同距离的写字楼标准层面积、住宅户型配比、车位配比等方面进行研究分析，并通过试点项目的打造，形成适合TOD模式的标准化产品线。

4 构建融资平台，实现资金良性循环

在TOD项目建设期内，中国铁建可以通过地铁及站点等基础设施建设，构建新型融资平台，结合轨道交通建设的基础设施贷款，获取低成本资金用于周边土地开发，待销售后实现资金反哺地铁及站点建设，形成良性循环。另外，中国铁建还可以结合政府和社会资本合作（Public Private Partnership，PPP）模式、建设经营转让（Build Operate Transfer，BOT）模式及工程采购建设（Engineering Procurement Construction，EPC）模式，将建设成本合理合法转移。在TOD项目进入运营期后，中国铁建再逐渐引导企业入驻，待入驻率达到要求后，发布房地产信托投资基金（Real Estate Investment Trust，REITs），盘活固定资产，进而实现TOD模式的可持续发展。

> 中国铁建TOD综合开发，需要在开发之初，统筹考虑产业导入与TOD区域开发建设，明确政府与中国铁建协作开发的模式，建立专业团队整合旗下资源，充分发挥中国铁建全产业链优势和产业协同引领作用，合理配置产业结构，形成适配的标准化产品线，构建融资平台，实现TOD模式的可持续发展，逐步形成中国铁建特有的TOD模型。TOD模式在实现站点周边土地高效开发利用的同时，引导产业集聚发展，实现区域经济快速增长。

（本文作者系中国铁建地产雄安公司职员）

中国铁建执笔TOD发展蓝图，为城市留鉴

文／尹龙浩

所谓TOD模式，是以公共交通为导向的综合开发模式，其规划思路是以火车站、地铁等交通枢纽为中心，周边配建业态鲜明的生活配套设施，满足人们衣食住行的需要，以全新的"轨道+物业"的发展模式，迭代新时代的生活方式。

中国铁建自驻津伊始，就从城市运营商的高度展开布局规划，择址两横（金钟河大街、志成路快速）和两纵（中环线、外环东路）的城央弥珍区域，斥资150亿元打造涵盖高层、洋房、酒店式公寓、写字楼、商业MALL等多维于一体的大型城市综合体——中国铁建广场。此举不仅填补了区域内大型商业的空白，而且焕新了城市界面，为TOD发展格局奠定了基调。

天津地铁6号线民权门车站由中铁十一局集团承揽建设，该地铁站与中国铁建广场实现了同步设计、同步施工、同步运营，依托央企强大的规划力和兑现力，区域TOD版图雏形已现，物业与地铁无缝衔接，构筑了一个配套成熟、交通迅捷的多彩生活圈，而中国铁建·（天津）公馆189，无疑是这个生活圈中最璀璨的一颗明珠。

中国铁建·（天津）公馆189尽享中国铁建广场内的物美超市、肯德基、必胜客、海底捞、董家湾等商铺的加持，丰富业主的休闲、娱乐生活；紧邻天津第四中心医院、解放军第983医院、天津市中医药第二附属医院，护佑家人健康生活；周边涵盖全龄化教育体系，为孩子的就近教育提供强有力的保障。

一城繁华之外，尽揽一园锦绣，中国铁建·（天津）公馆189项目邻近具有百年历史的北宁公园，业主可悠享恬静的公园生活。业主可在城市广阔的自然绿意上眺望，繁华与静谧就在转身之间。

十一载时光，著写一段辉煌传奇；十一载深耕，造就一座时代之城。2010年，中国铁建躬身入津，以稀缺的城央土地为基点，以TOD格局为发展宏图，打造"交通中心""商业中心""生活中心"，以前瞻性的战略视角，重新定义了跨时代的生活方式。

（本文作者系中国铁建地产商业公司职员）

走近莫斯科地铁

文 / 沈莹

当我们在街头闲逛，每每见到黄色的M标志，无论大人还是小孩，一看便知那是麦当劳。你如果身处莫斯科，那么见到的不只有黄色的M，还有红色的M——这

就是莫斯科地铁——这座千万人口大都市最便利的交通工具。莫斯科的地铁站以富丽堂皇、大气磅礴而闻名于世，享有"地下宫殿"的美誉。

莫斯科地铁历史悠久，始建于20世纪30年代，由当时的苏联共产党中央委员会聘请的7名外国专家主持修建。当时的技术工人短缺、工作效率低、施工进度滞后且耗资巨大使地铁的修建广受非议，地铁修建不仅要面临舆情压力，还出现了设备问题。一期地铁站由于缺少自动扶梯，所以无法投入运营。自动扶梯在1911年的伦敦地铁中首次出现，当时还是稀缺产品，世界上只有两家公司能制造。莫斯科地铁建设公司不惜重金购买了一台自动扶梯，将其拆解研究后增加了长度，解决了客流传送的问题。经过测试后，莫斯科地铁于1935年开始运行。仅地铁一期工程就有数百家工厂参与，消耗了大量金属、木材、水泥和石料。

莫斯科地铁站独具匠心、风格迥异的造型出自众多优秀的设计师之手。地铁站内用来自乌克兰、阿尔泰、高加索等不同国家和地区的石材铺设墙面和地面，各色大理石、花岗岩、陶瓷和五彩玻璃组成的浮雕和马赛克镶嵌画令人目不暇接、赏心悦目。每个地铁站都有自己的主题，画面栩栩如生，仿佛昔日场景再现。不仅如此，地铁站的命名也各具特色，以人名、街道名、城市名、附近建筑设施名较为常见。

莫斯科地铁5号线为环线，其中几个地铁站是"网红"打卡地。1952年修建的共青团车站为巴洛克风格，是斯大林式建筑的巅峰。车站内有大理石柱、典雅的吊灯，宛如奢华的地下宫殿，亮黄色的砂浆拱顶两侧点缀着精美的马赛克镶嵌画，华丽的吊灯将大理石地面映照得熠熠生辉。还有两个与火车站同名的地铁站——白俄罗斯车站与基辅车站，分别于1952年和1954年建成通车。基辅车站的壁画反映了乌克兰的历史和风光，外嵌了雕花镂空石膏画框。白俄罗斯车站的壁画则描绘了一幅人民生活、工作和战斗的画卷，这里曾是苏德战争时期苏军最高作战指挥部的所在地。

3号线革命广场车站建成于1938年，位于红场旁。设计师在每个门廊入口都设置了一对铜像，铜像形象不同、神态各异。其中最受瞩目的是边防战士和他的牧羊犬，据说摸一下牧羊犬的鼻子可以带来好运，人们每每路过都会前去摸摸沾点好运气。

莫斯科的地铁以"深"著称。第二次世界大战爆发前，当时的苏联人民委员会决定将地铁站改建为避难所。1941年7月，50万人在地铁站及隧道中躲避空袭。最深处近百米的地铁站在苏德战争中发挥了重要作用，除了作为战时指挥部，还兼做避难所、临时医院和防空洞。莫斯科最深的地铁站是3号线胜利公园车站，地面通往站台的电梯长达126米，呈45度倾斜，乘电梯从上到下耗时约2分钟。

莫斯科地铁系统由16条线路组成，总长度为466.8千米，共有275个地铁站，其中，44个地铁站被列入俄罗斯国家文化遗产，还有40多个地铁站是建筑古迹。这里的乘客文明程度较高，即便是在早晚高峰，他们也有序排队进站、上下扶梯，并且靠右侧站立，将扶梯左侧留给赶时间的乘客。走进车厢，目之所及多为阅读爱好者，或站或坐，他们随手拿出一本书，目不转睛地遨游在知识的海洋中。也有人在低声聊天，但不会影响旁人。也不乏静静地听音乐、看手机的人，但并没有人将手机等设备调成外放模式。

中国铁建团队也在莫斯科基础设施建设中占据了一席之地。中国铁建地产集团与兄弟单位合作，共同开发莫斯科米丘林大街地铁站的建筑项目，创建TOD生活圈。米丘林是苏联著名的园艺学家、植物育种学家，米丘林大街地铁站项目在玻璃幕墙上设计了色彩缤纷的水果图案，就是对他的科学成果的最好诠释。

（本文作者系中国铁建地产集团海外事业部职员）

▲ 中国铁建莫斯科米丘林大街TOD项目效果图

中国铁建地产
CHINA RAILWAY CONSTRUCTION REAL ESTATE
滨江集团
BINJIANG REAL ESTATE
半山起墅
一城显赫
MOUNTAIN VILLA
建筑面积约183~277m² 塔山森林坡地叠墅
上叠臻美样板房 瞩目绽放
坡地别墅藏于147万平方米塔山森林深处
占位城市高处，匠造东方盛境，为名士定制美好山居生活
莫干山語
MOUNTAIN VILLA
高端定制
塔山墅区
伴山伴城
安逸生活
坡地真墅
独梯入户
滨江物业
0572.825 6666
项目地址：浙江·德清·莫干山脉东麓依山路南侧
客户急速响应专线
400 9267 919

创新经营不止步，"南沙模式"显风采

文／惠朔 胡坤

2021年4月下旬，正值春末夏初、生机盎然之时，中铁建南沙投资发展有限公司（以下简称南沙公司）喜报频传——4月26日，南沙公司联合广晟地产以31.94亿元成功竞得广州市花都区中央商务区组团综合开发项目，出资16亿元配建广州市妇女儿童医疗中心花都院区；4月27日，南沙公司与越秀地产、南沙开建集团以8.61亿元共同获取广州市南沙区横沥岛居住地块，出资19亿元配建广东省重点工程项目（一期）。

在房地产市场和建筑市场进入白热化竞争的今天，南沙公司逆流而上，一举打破市场桎梏。对此，公司负责人表示，策划这两个项目是公司主动融入中国铁建经营大格局的生动实践，也是落实中国铁建地产集团"一体两翼、多点支撑"经营战略的具体举措，更是探索升级"南沙模式"的有益尝试。

升级"产业+地产"开发模式
为打造南沙模式2.0版本开新篇

所谓"南沙模式",是指"产业加投资'搭台',建筑业与房地产业共同'唱戏'"的城市深耕模式。

"十三五"期间,南沙公司切实履行中国铁建平台的职责,充分利用中国铁建的央企品牌、传统产业和全产业链优势,结合南沙新区的发展阶段和发展特点,打造"产业+地产"的南沙模式1.0版本,整合中国铁建投融资、设计、施工、开发、运营的全产业链资源,围绕城市综合开发运营、基础设施建设和房地产开发三大主业,全面参与南沙城市化建设。南沙公司承建万顷沙区块和庆盛区块2个片区综合开发项目,中标广州地铁18号线、22号线、明珠湾大桥、南沙127科研基地等9个大型基础设施建设项目,投资开发环球中心、水岸广场、海语熙岸、海悦国际以及坦尾村更新改造5个房地产项目。

"十四五"时期,在中国铁建地产集团的指导下,南沙公司将在"产业+地产"模式的基础上,围绕"交通+地产""金融+地产""配建+地产"等不同方向探索升级南沙模式。其中,花都项目、横沥项目是南沙公司以"产业+地产""配建+地产"模式组合而成的创新项目。

"根据花都区政府要求,只有在实质性产业导入之后,才能办理土地挂牌手续。"南沙公司负责人表示,获取花都项目的前提是吸引优质产业落户花都区。南沙公司依托中国铁建全产业链优势,积极与广晟地产寻求合作,抓住广晟地产与花都区政府战略合作、导入广晟系产业资源的契机,以"产业+地产"模式获得花都项目,并通过"配建+地产"模式进行开发建设。

"横沥项目配建的广东省重点工程项目(一期)是南沙科学城的起步工程,将为中科院系产业落户南沙提供重要载体。"南沙公司负责人透露,通过配建产业载体获取横沥项目,南沙公司实现了与地方政府、产业方的三方共赢。

未来,南沙公司将积极充当地方政府与产业方的纽带,配合政府梳理导入急需的产业资源,帮助产业方争取政府财政补贴、产业用地、配套建设等相关支持,然后通过配建产业载体的方式,获取优质的土地和项目,实现互惠互利。

创新"配建+地产"开发模式
主动融入中国铁建经营大格局

南沙公司的"配建+地产"模式是指充分发挥中国铁建全产业链优势和城市深耕优势,主动策划配建方案,为地方政府或业主提供出资配建大型基础设施、公共设施配套或者产业载体的服务,从而将服务融入中国铁建主业,规避重大工程招标和土地招拍挂市场

的恶意竞争，同时获取施工总承包项目和房地产开发项目的模式。

花都项目和横沥项目通过"配建+地产"模式，从经营端降低了拿地成本，实现了经营创效。同时，公司提前介入了项目策划，对开发地块和配建工程的指标、定位进行了研究，提升了开发效率。创新"配建+地产"模式，可以实现互惠共赢，在获取高性价比土地的同时，有利于南沙公司将经营业务融入中国铁建经营大格局，协同系统内兄弟单位承揽重点工程，彰显央企实力，提升品牌形象，提高社会效益，也有助于缓解地方政府的财政资金压力，加快城市建设进度，进一步巩固"亲""清"的政企关系，为后续深化合作创造条件。

除此之外，花都项目和横沥项目配建工程成本可以直接抵减土地款，降低南沙公司一次性支付土地款的压力，有效提高项目资金的使用效率，降低财务成本。

搭建"央企+国企"合作平台 积极探索创新经营业务新路径

广晟地产的母公司广晟集团是广东省省属国有独资重点企业，已成长为以矿产资源、电子信息为主业，环保、工程地产、金融业务协同发展的大型跨国企业集团。花都项目是广晟地产与广州市花都区政府战略合作的"产业+地产"项目，也是广晟地产与南沙公司合作开发的首个项目。与所在地国企深化合作，共同盘活存量土地是南沙公司经营创新的一个重要方向。该项目是对中国铁建地产"央企+国企"合作模式的有益补充，进一步拓宽了创新经营渠道。南沙公司将抓住与广晟地产合作的契机，推动双方深化产城融合、特色小镇等领域的合作，实现多层次、宽领域、全方位的战略合作。

横沥项目是"央企+国企"这一模式的升级体现。该项目的合作方越秀地产、南沙开建集团分别为广州市市属国企与南沙区区属国企，"央企+市属国企+区属国企"的创新组合实现了强强联合，优势互补。南沙公司将与越秀地产、南沙开建集团深化战略合作，尝试搭建"央企+市属国企+区属国企"合作平台，资源共享，"借船出海"，共同参与粤港澳大湾区TOD模式、产城融合、城市更新等创新业务的投资开发建设，为中国铁建地产集团"一体两翼、多点支撑"战略转型贡献更多的力量。

推动"党建+经营"融合发展
切实发挥党员的先锋模范作用

作为驻区央企，南沙公司在参与地方经济建设的同时，扎实开展党建工作。南沙公司党委总支部委员会（以下简称党总支）以加强党的政治建设为统领，以助力企业发展为目标，牢固树立"抓党建就是抓发展"的理念，切实发挥基层党组织战斗堡垒作用和党员先锋模范作用，努力将党建工作成效转化为企业竞争力。

在拓展项目的过程中，南沙公司成立了以主管领导为组长，分管领导为副组长，投拓、设计、营销、成本、工程、法务等不同业务条线党员同志为成员的党员突击队，凭借"逢山凿路遇水架桥"的冲劲和"咬定青山不放松"的韧劲，最终在激烈的竞争中脱颖而出，成功拿到项目。

在党建共建方面，南沙公司党总支结合公司生产经营实际，创新党建工作举措，在"走出去"和"引进来"上下功夫，开创了"政企共建、企企共建、企检共建、银企共建"，丰富了党建共建的内涵。南沙公司特别共建了南沙自贸区党群服务中心、廉政教育中心，充分整合党建组织、纪检监察、群团工会、青春志愿等各方资源，提供立体化"一站式"服务，为经营创效工作搭建起一座连心桥，有效推动公司土地经营、大宗整售、项目建设工作，在融入生产经营的同时，全方位升级党建工作新格局。

5月的广州南沙，草木蔓发，春山可望。南沙公司将在中国铁建地产集团的坚强领导和大力支持下，紧抓"十四五"发展机遇，充分发挥中国铁建全产业链优势，搭建"央企+国企"合作平台，不断丰富南沙模式内涵，助力集团公司开创改革发展新局面。

（本文作者系中铁建南沙投资发展有限公司职员）

新常态下城市片区PUD模式探究

兼谈中国铁建·（贵阳）铁建城项目的探索与实践

文／张文卿 徐子敬

中国特色社会主义进入新时代，我国社会主要矛盾已经转化为人民日益增长的美好生活需要和不平衡不充分的发展之间的矛盾。对美好生活的向往和随之带来的消费需求升级，已经成为当前经济社会发展的新常态。

在此时代背景下，"十四五"期间，各级地方政府以完善城市功能为导向，实施城市更新行动，开启了新一轮的城市综合片区开发热潮。本文分析了当前城市更新导向下片区开发的3种主要模式存在的问题，提出引入"计划单元综合开发（Planned Urban Development，PUD）"模式，并深入分析了贵阳当前推进片区开发的重要试点项目——中国铁建·（贵阳）铁建城的探索与实践。

PUD模式能够很好地解决上述开发模式中出现的问题。PUD模式通过一个整体规划来计划未来几年甚至几十年的开发，这意味着一块土地就是一个单元，这个单元需要完善的配套和社区服务，而不是一些单独小地块的集合体。同时，整体规划又具有一定弹性，每个社区单元的开发规则都可以根据实际情况来制订、修改，不影响整个大盘的构建和效果。

1. PUD模式下的前期规划：以城市的角度介入前期开发，完成整体规划

PUD模式充分考虑未来可持续发展，融入一、二级土地开发及后期运营的核心思路，建立涵盖规划、场景、客群、生活、价值等体系，形成社区生活圈内部循环+城市功能生活圈外部循环的大产品模型。整体规划完整有序，不会因项目大、发展周期长而失控，从而实现产品战略与开发战略的统一、房产开发和地产开发的协同统一。

2. PUD模式下的系统架构

（1）把握项目特点，营造场景符号

在前期规划中，PUD模式能够依据当地的城市性和社会性、人文特征、地理环境，把握项目特点，确立核心场景的关键词。通过寻找确定项目的标志场景符号，例如，品牌符号、建筑符号、精神符号等，后续的产品、景观建设，甚至是运营和服务可以沿着这些标志场景符号的方向持续发展，在业主心中形成统一的记忆点。

（2）形成系统支撑，实现资源共享

与单个小地块开发相比，首先，PUD模式具有较大的开发总量，建筑施工具有规模经济的特点；其次，PUD模式把相邻地块的公共空间、地下空间、公共服务设施等作为一个整体来考虑，使公共设施利用最大化、地下空间一体化，并能在较大范围内对交通进行优化，这样不但能够构建更完善的支撑系统，而且能够实现资源共享，发挥最大的资源使用效能。

一、片区综合开发中 PUD模式导入方法及路径

从"城市建设"到"城市改造"，再到"城市更新"，我国大城市规模已从增量时代进入存量时代，城市更新将成为城市发展的新增长点。完善城市功能以及提升整个城市面貌的产城融合模式成为综合片区发展的必然趋势。在这股趋势的带动下，各地提出了各种片区开发模式，如果从开发主导和投入力量的角度分析，就会发现有政府主导型、企业主导型、政府主导下企业参与型3种模式。城市更新的实践证明，常见的这3种模式都无法回避片区开发中对一、二、三级土地开发的核心问题——缺乏协同，整体规划性不强，开发期过长，存在明显的局限性。

（3）形成价值体系，助推可持续发展

PUD模式是一个生态可持续发展的模式。景观、配套系统先行，有利于区域价值体系的逐步形成，摆脱开发周期束缚，提前确定并释放项目价值，为业主打造丰富且完整的生活方式，让业主快速享受到项目全部的配套设施。相较于传统开发模式，PUD模式的说服力更强，更容易吸引人们的关注。PUD模式完善的规划能树立片区开发的信心，增强业主定力，推动开发进程稳定发展。

3. PUD模式下的产品系统优势

对于综合性质用地的开发，PUD模式提供涵盖住宅、商业、公寓、办公等全线产品组合的形式。产品组合数量越多，适用的消费群体越多，开发风险就越小，并且各个产品功能互补，形成完整的生态。PUD模式能让各个产品在总体规划的控制下有序发展，满足市场的需求。

4. 中期实施：实行各项精准管控

通过保证地块之间的联动，以及单个地块的持续开发，PUD模式把握开发节奏，实现多地块平行开发、稳步推进，保持项目开发的可持续性。在片区综合开发中，PUD模式要充分考虑现金流的安全问题，合理控制时序、规模与开发体量，合理分配资金，灵活运用金融杠杆。

5. 后期运营：稳步巩固项目，构建与之匹配的专业力量

企业建设一个合理完善的项目，不仅要做人居的建筑者，而且要承担服务城市的职责。美好的生活方式需要从硬件配套设施到软实力全方位深入捕捉。企业需要站在城市运营的角度，建立社区安防、交通管理、配套管理、客群管理及运营服务等相关体系，通过运营把城市的自然资源和精神资源有效地推向市场，提高城市的综合竞争力。

6. PUD模式下的实施框架

面对土地混合使用、区域协同发展、展现地区特色和高效引导建设等城市高质量发展诉求，PUD模式作为合作式的规划策略，在政府与开发商之间搭建了良好的沟通平台，确保建设项目的有序推进。PUD模式前期提供整体策划思路；中期通过密集成群的开发，以及保留开放空间来鼓励保存土地的自然景观特色；后期构建运营体系，做好每一个服务环节，让美好生活方式深入人心。

二、中国铁建·（贵阳）铁建城项目的探索与实践

贵阳是一座大楼迭出的城市，近年来，出于城镇化基础设施建设的发展需求和对大型城市综合体的市场需求，贵阳粗犷的大盘开发已经走到尾声，进入"大盘+精细化开发"的过渡阶段。产品分化、价格分化、梯度感强化等新的市场特征带来了新的市场机会，强调城市扩张与内涵提升并存。优化城市功能布局、精细化开发建设将成为主流。

中国铁建地产集团贵州公司（以下简称贵州公司）打造的中国铁建·（贵阳）铁建城总占地面积超过66.7万平方米，总建筑面积约为230万平方米，是该集团实践片区综合开发、城市运营、智慧城市、公园城市、中高端消费型社区的未来范本。中国铁建·（贵阳）铁建城以产城融合、全生命周期服务为依托，以PUD

模式保障完整规划，全力推进项目开发，汇聚了集团重要的策划、规划、设计、运营等资源，助推城市更新，助力城市配套补充、产业调整和功能升级。其开发实施分为前期策划、中期开发和后期运营3个阶段。

前期策划：前瞻规划，配套先行

中国铁建·（贵阳）铁建城从"更新城市、生活领地、铁建范本"3个方面打造"更有温度的国际住区"。其中，"更新城市"着眼于城市发展的未来，规划前瞻和领先的生态公园之城；"生活领地"是在公共配套、服务配套上呈现前所未有的资源注入；"铁建范本"是在产品力和运营力上打造中国铁建地产的全国范本。

（1）精准定位，创新实践产品符号化

贵州公司遵循发展战略，最大限度地进行建筑与地理、历史、文化的融合，从小产品概念上升到大产品概念，确立中国铁建·（贵阳）铁建城的产品符号："度假感"。在产品、市政公园、社区内的园林景观甚至是未来社区的运营和服务层面，贵州公司都将围绕这个关键词来建设。

（2）五大价值体系升级城市功能与生活方式

规划——打造高端生活范本

贵州公司通过区位、交通、定位、设计的整体性考

量，将中国铁建·（贵阳）铁建城打造成贵阳市城市级大盘，使之成为新一代公园城市范本。

景观——营造社区度假式园林景观

中国铁建·（贵阳）铁建城以艺术、未来城市为精神内核，面向未来，以精致优雅的城市文化特质打造度假式园林景观；融合山水资源设计多面艺术几何公园；以公园绿道体系串联项目外部三大公园与内部中央城市湖区及社区园林景观，实现多层次的景观阵地体系。

产品——打造贵阳首个国际化智慧社区

贵州公司与华为公司合作，打造贵阳首个国际化高端智慧社区，整合新产业、大健康、大智慧的内涵，助力城市发展，进行产城融合，与城市共生长。

配套——全面更新区域价值，引领城市发展

城市公园集群：中国铁建·（贵阳）铁建城临近阿哈湖湿地公园，倾力打造饮马湖公园、中央公园，形成城市公园集群。

高端商务集群：引入5A甲级写字楼公寓、五星级酒店，打造高端商务体系，提升项目价值。

缤纷商业集群：打造约8万平方米的水岸广场、滨湖商业街，构建国际化、具有吸附城市微度假游客群的商业体系。

教育资源集合：从幼儿园到中学的优质教育资源。

医疗健康集群：升级医养服务，完善康养体系，与国内重点医院资源合作，开通绿色通道，打造先进的康养管理中心，给业主带来无微不至的体贴与关怀。

运动健身集合：依托城市公园体系，打造运动功能完备的空间，升级业主的生活体验。为贵州省引入首个社区马术俱乐部——南山马术俱乐部，举办国内外各类马术赛事。

社区农场：为业主定制格子农场，搭建农作物科普、活动体验、亲子乐园、蔬果采摘等平台。农场可以根据业主需求自主打理或委托看管。

展示——跨界融合的体验中心

贵州公司打造一座将社区会所、销售功能进行跨界融合的新一代社区体验综合体——铁建城体验中心。该体验中心的一层主要由4个区域组成：销售功能区、荷兰管家和中铁建物业双管齐下的高端物业服务中心、华为智慧生活体验区、康养服务体验中心。该体验中心的二层由3个区域组成：健身中心、SPA体验区、私宴区。该体验中心的三层打造了屋顶星空花园。该体验中心负一层包含办公区、设备房及地下停车区。

中期开发：均衡搭配，合理开发

以中央湖景为轴线，中国铁建·（贵阳）铁建城整体项目分5期开发，每期开发兼顾流量及利润产品，按照均衡分期+产品差异化搭配+公办配套合理释放，满足各期差异化客户群的需求，打造项目形象标杆。

后期运营：实践社区运营，构建生态平台

以运营为主的房企转型逐渐成为社会热点和行业风向标。同时，大企业主导的一、二级联动开发模式已跟不上城市发展的脚步，因此，企业做好后期运营是至关重要的。

贵州公司适应企业转型、加强品牌建设、充分匹配高端大盘管理，在2020年设立社区运营中心。集中更多优质资源，形成优势互补、齐头并进的新格局，全面满足中国铁建·（贵阳）铁建城的精细化开发需求。同时，贵州公司提出全新的"社区生态树"模型，打造全周期服务体系，对未来的开发模式和行业改革提供了全新的思路。

三、结语

事实上，PUD模式虽然已在国外发展了40余年，但它在我国的片区开发综合业务中的运用案例并不多见，相关的研究也不多。在片区不断增多的今天，PUD模式的导入对缓解我国的土地矛盾，促进房地产的健康发展有重要作用。

中国铁建·（贵阳）铁建城是贵州公司深耕贵阳十余年来，基于对城市运营和市场洞察的深度认知打造的产品，是贵州公司首个全面实践"社区生态树"的项目，是深入研究大盘精细化开发以及产城融合的重要实践。引入PUD模式，是一次项目、产业、模式、城市4方精准定位的成果，未来将成为助推城市产业调整和功能升级的重要一环。

（本文作者系中国铁建地产集团
贵州公司职员）

中国铁建·（贵阳）铁建城

数字解码"铁建城样板示范区"

德国诗人荷尔德林说："人，诗意地栖居在大地之上。"中国铁建·（贵阳）铁建城（以下简称贵阳铁建成）完美地实现了诗人的理想，一砖一石，皆见匠心。让我们从一组数字，走进贵阳铁建城，共鉴臻品空间。

▲ 样板间示范区的景观设计

282种材料

"282"是贵阳铁建城412m²楼王样板间建设用到的材料单品总数，其中有118种是进口材料，以德国品牌居多。样板间客厅有一块高6米的背景墙，整块石材被称作"熊猫白"，纹理黑白交错，好似一幅巨大的水墨画。

32块幻彩玻璃

贵阳铁建城位于阿哈湖国家湿地公园和南郊公园之间。样板间展示区入口处是由32块幻彩玻璃组合而成的玻璃幕墙。阳光透过森林，打在幻彩玻璃上，投射出五光十色的光影，因此幕墙名为"镜光

庭"。设计大师孙虎说，贵阳铁建城样板间呈现的是一个空间光影的范式，他希望在这里让自然与建筑无间融合。

3种户型——这就是未来的家

贵阳铁建城190m²户型的客厅开间长近10米；拥有进深5.3米的U型大厨房、中西两种装修风格，并装有专用垃圾处理器；每一个房间都有落地窗，以保证房间内充足的采光。

240m²户型被称为"女王户型"，它有一个面积达到10m²的"女王"

玄关。主卧配备双衣帽间，阳台总长近14米，拥有270°超广景观视角，户户可推窗见景。

412m²的楼王户型的客厅面积超过130m²，主卧面积达到80m²，其中，衣帽间长10米。阳台上有面积超过10m²的恒温游泳池，为了装下这个游泳池，阳台的长度达到22.4米，进深为3米。

3种户型都统一配备了中央空调、地暖、智能暖通系统、智能灯光系统。

贵阳铁建城，给您未来家的美好模样。

以党建为引领，
探索社区治理新模式

文／黄居光

作为"做中国最具价值的美好生活服务商"的坚实拥趸，中国铁建房地产集团华南有限公司（以下简称华南公司）充分发挥央企优势，以"好房子"为载体致力于研究"好服务"，按照党建引领、多方共建、资源整合的基本思路，积极探索新时期社区治理的新模式。

▲ 中国铁建·水岸公馆效果图

中国铁建·水岸公馆是华南公司落子佛山片区的第一个项目，总占地面积约3.4万平方米，内设楼宇6栋，涉及709户居民业主，于2017年12月完成上房交付，坐拥千灯湖版块金融高新B区丰富便捷的交通体系及配套设施。该项目自建成以来，紧密围绕构建和谐社区目标，以党建为引领，将开发企业、属地社区、物业公司、社会团体以及小区业主等党组织和党员力量进行整合，依托小区党员志愿服务队组建街坊志愿互助会，广泛建立小区共建、共治、共商机制，在创建"熟人社区"方面为社区治理探索出一条新道路。

党建引领，多方合作，搭建自治主体

作为位于广佛交界地域的小区，水岸公馆的业主以广佛"候鸟"为主，老人和儿童成了小区公共区域活跃度最高的人群。在项目交付伊始，小区居民内部的公共意识、自治意识和契约意识普遍较差，装修违建、电动车进楼道、占用公共空间摆放杂物等乱象屡禁不止。

面对这些问题，华南公司切实扛起开发商责任，经过深入调研和摸排了解，主动联合物业公司寻求属地社区帮助。在达成创建"熟人社区"的初步共识后，三方决定以党建引领为切入点，建立社区、开发企业、物业公司联合工作队。工作队首先通过走访深入了解收集小区内党员的信息，广泛宣传动员，组建了小区党员志愿服务队。在党员交流活动的推动下，党员志愿服务队的先锋意识和主体意识得以激发和唤醒，最终党员志愿服务队成功动员小区居民成立"街坊志愿互助会"。

"街坊志愿互助会"以小区居民为构成主体，选举小区内部有威望的居民担任会长，在开发企业、物业公司、社区党组织、社会公益团体的帮助与支持下，致力于小区的环境改造和优化治理。其成立不仅为小区公共问题找到了解决办法，还为推动社区优化治理和营造和谐社区氛围打开了新局面。

机制为先，平台加持，共建精神家园

"街坊志愿互助会"平台的搭建，标志着以小区居民为自治主体，属地社区和社会公益团体提供引导和咨询，开发企业和物业公司提供服务支撑的新型小区共建、共治、共商机制正式建立。该机制通过让业主主动参与小区自治，重构邻里关系，完成小区居民从"陌生关系"到"熟人关系"的情感过渡，并且持续推动小区建设再上新台阶。

2020年1月28日，在社区党组织、开发企业、物业公司、社会公益团体以及全体居民的共同见证下，水岸公馆社区治理再次迎来一个里程碑——小区"创熟加油站"

▲ "创熟加油站"正式揭幕

正式揭幕。"创熟加油站"位于该小区社区5栋二层配套用房内，占地面积为800多平方米，由小区居民、物业公司和属地社区联合发起建成，是小区居民开展议事决事、街坊会建设、党建活动、社团自治的主要平台。

在"创熟加油站"的加持下，水岸公馆小区妥善解决了前期出现的各类管理问题，小区党员服务建设、文化建设、志愿服务建设等也取得了不同程度的发展。小区面貌焕然一新、井然有序，邻里氛围也变得更加温暖。对水岸公馆小区居民来说，回家不再是走进一个冰冷的建筑集合体，而是回到了自己的情感家园，找到了精神寄托。

融入大局，优化升级，贡献模式经验

"积力之所举，则无不胜也。"水岸公馆的"熟人社区"治理新模式发展持续深入，并在帮助政府推动形成共建、共治、共商的社区治理格局方面做出了一定贡献。

在水岸公馆社区治理新模式的启发下，华南公司也对自身物业服务管理的内涵进行了优化升级。华南公司广泛推动将创建"熟人社区"纳入物业客户服务体系，并逐步前置到项目建设初期，实现精品住宅与精品服务同步规划、同步建设。华南公司不仅为广大业主提供"好房子""好物业"，而且将服务内容与业主核心需求挂钩，通过创建"熟人社区"，构建和谐社区生态，真正帮助业主找到精神家园，最终为房地产行业的高质量发展贡献"铁建智慧"和"华南力量"。

（本文作者系中国铁建房地产华南公司职员）

社企联合，推动企业品牌建设

文／李刚

2021年，住房和城乡建设部等10部门联合印发《关于加强和改进住宅物业管理工作的通知》。"融入基层社会治理体系"是"十四五"时期，物业服务行业增强社企联合、推进企业品牌建设的重要体现。

「社企联合，推进企业品牌建设的探索」

借力共建，寻求共治路径

2020年新冠肺炎疫情期间，治病一线在医院，防疫一线在社区。疫情防控突显了社区基层治理的重要性，突显了物业小区管理的重要性，促使社区向"社区命运共同体"迈进。因此，"塑造邻里情怀，创新社区治理，落实基层善治"成为推动城市现代化治理的关键。为了提升在管项目的社区治理水平，从2020年开始，华南公司以佛山在管小区为试点项目，围绕住户反映强烈的社区治理难点、痛点问题，寻求现代社区服务的创新与突破方式。

针对当前社区治理方面存在的信息碎片化、条块化、人力和运行成本高、快速反应能力不足等问题，华南公司对于社区治理创新提出了更高的要求。经过长达半年的信息收集及走访，基于对属地管辖街道新政策的了解，华南公司联系街道、物业企业、社区公益团体、业主，结合各方的优势之力，找到一条共治路径——"创熟加油站"。

"创熟加油站"是以党建为引领力量，以热心社区事宜的党员楼长为核心，结合街道的政策指导，开发企业、物业企业的支持，社工的宣传等，各方合力共建的社区管理模式。借力共治的"创熟加油站"，增强了社企各方的联合，让各方积极融入社区治理体系，使"社区—小区—楼宇—人口"等信息环环相扣，不断完善党建引领、公众参与和协商共治的小区治理发动体系，健全以党组织为领导核心、街坊志愿互助会为骨干力量的协商议事机制。促使社会治理能够更加精准分析、精准服务、精准治理、精准监督、精准反馈，能更好地服务不同的社会群体，更有效地管理公共事务。通过加强社区治理体系建设，在社会治理方式上实现创新，让社区治理重心向基层下移，制定制度和规则，做到邻里有情，人与人之间包容、信任，基层组织具有动员力和组织力。作为社企联合的试点项目，"创熟加油站"有效通过合力，打开社区共治新局面。

争做试点，合力创先争优

为了做好垃圾分类治理工作，提升在管项目的服务及治理水平，华南公司以广州市增城区在管小区为试点项目，通过与属地街道政府积极探讨垃圾分类政策、摸索实施模式、打造联合试点、推动业主宣传等方法，完成增城区朱村街道第一个星级垃圾分类试点项目建设。

对于这个垃圾分类试点项目，华南公司通过与街道一起分析垃圾分类实施的难点、要点，精准分析项目客户群体的特征，因地制宜，制订推行实施方案，从垃圾分类宣传教室开始，结合亲手实验与电子互动的宣传学习模式，指导业主精准分类投放生活垃圾，形成业主居家实际操作的习惯。通过3个月的努力，增城区在管小区的垃圾处理方式实现从楼道撤桶转变为分类定点投放，提高了小区业主对垃圾分类的知晓率及参与率，结合细节化的触点体现，为业主带来了更贴心的使用感受。

社企联合，助推企业品牌建设的效用

"创熟加油站"的品牌效用

"创熟加油站"品牌建设：一是通过与街道联合共建社区治理体系，让社区治理重心向基层移动，更贴民心、接地气；二是通过制订社区共建制度和规则，提升邻里互动的活跃度，增强人与人之间的情感维系，营造人人参与、人人尽力、人人共享的社区场景，促进街道与企业联合的基层社区善治，发挥社会组织作用，实现政府治理和社会调节、住户自治良性互动，建立信任，打造共建、共治、共商的社会治理格局，让人民群众更有获得感、幸福感和安全感。

"垃圾分类"的品牌效用

"垃圾分类"星级投放品牌建设：一是通过加强引导、因地制宜、建立长效机制，与社区联动，将垃圾分类工作做细做实；二是通过开展广泛的教育引导工作，让小区业主和住户认识到实行垃圾分类的重要性和必要性；三是通过有效的督促引导，让更多的社区住户行动起来，养成垃圾分类的好习惯，为改善生活环境做出努力，共同为绿色发展、可持续发展做贡献，形成周边社区的联动效力。

　　两个社企联合品牌试点项目建设的实际效用主要体现在两个方面：一方面体现在有价值的组织化的资源搭建，对深入社区治理具有"润物细无声"的作用，为化解矛盾、解决问题提高了情意温度；另一方面是新社区治理方式，从实践探索上看，试点项目能广泛调动社区住户参与的积极性，推动业主、物业企业、开发企业等多方良性互动，减少业主与物业企业、开发企业间的矛盾冲突，动员物业企业协同小区治理，补齐社企参与社区治理的短板。推动社企联合试点项目建设，有利于进一步提升企业嫁接资源的能力，有利于提升企业品牌的认知度，更有利于所辖住户更好地享受社区及企业的品牌溢价效益。

社企联合，助推企业品牌建设落地

　　社企联合有助于推动试点项目的建设加速。从两个试点项目上看，社企联合具备3个必要条件。

统一意识，宣传先行

　　社企联合的第一个必要条件是统一意识，也就是形成一种集体意识，即社区成员彼此间存在的固有的联系，它是有助于形成合力的共同意识，因此，企业应当寻找符合项目特色并且也是当地政府推行的主体意识，与当地政府、社区联合，统一所辖社区成员的共同意识，统一意识是试点项目建设的基础。同时，通过宣传让共同意识优先深入社区民心，结合发展环境的复杂变化，围绕实现社会发展的主要目标，完善品牌呈现方式，形成企业品牌标准体系。

借力合力，链接资源

　　社企联合的第二个必要条件是仪式和传统，这是社区社会形成的重要因素，即通过复制和传递共同的仪式和传统，社区共有的历史、文化和意识才能得以传承。在统一意识的基础上，企业与当地政府、社区制订可行且有效的解决方案，借各方之力，集合所性资源，通过仪式化行为，让企业品牌在社区中有实质性呈现。同时，企业通过调整服务供给的属性与模式，也能着重体现社区集群中的企业品牌，推动企业优势项目在社区的品牌改革试点。

创造需求，促企业品牌的溢价

　　社企联合的第三个必要条件是责任感，让各方成员感到自己对整个社区及其他成员负有一定的责任或提供一定的义务。"共同的责任感"是社企联合创造的"新需求"，以"新需求"为基础，充分调动各方的积极性，让为社区建设献力献策的社区住户都能享受到社区向好的发展方向带来的精神愉悦，这有助于促进试点项目的创新呈现，提升企业品牌的溢价。

　　社企联合的成功取决于项目吸引各方持续参与的程度。一个社企联合的试点项目就是一个活跃的组织，企业需要不断地培育，不仅在价值创造的各个阶段（销售、产品、服务等）与客户接触，而且要围绕品牌个性，以及如何呈现品牌个性的各个层面，构建一个强参与的有效平台，这样才能为企业品牌培育忠诚用户。当品牌深入人心，相信越来越多的社区、企业会加入推动社企联合试点建设的行列，那些社企联合的亮点项目，有机会利用这个有力的高溢价方式，进一步强化成为企业的品牌资产。

（本文作者系中铁房地产集团华南有限公司物业副总监）

智慧服务打造智"汇"物业

——物业公司广州分公司"智慧社区"项目落地

文／余伊玲 贾月

某一天傍晚，李女士开车回到位于广州荔湾国际城的家，此时，小花园两旁的绿化带正在自动喷水灌溉。当她把车停好，地库墙上的空气质量监测仪上实时显示空气的温湿度、PM2.5等数值，一旦数据异常，空气除湿净化设备就会及时开启。走到楼门口，她用手机轻轻一点，门禁自动打开。与此同时，在小区客服中心的智控大屏前，客服人员正在实时监控园区内的环境及设施

设备情况；400服务热线电话与业主服务客户端收集到的报修信息，正被实时传送到智控大屏上，客服中心第一时间安排工作人员前去解决……这不是发生在电影中的场景，而是中国铁建房地产集团物业公司广州分公司（以下简称物业公司广州分公司）"智慧社区"为业主带来的生活方式的巨大变化。

"智慧社区"项目升级惠民服务

近年来，智能化建设已经逐步成为国家助推城市经济高质量发展的重要路径，为响应2016年《政府工作报告》中提出的"壮大智能家居等新兴消费"理念，2019年5月，物业公司广州分公司以荔湾国际城项目为试点，正式开展"智慧社区"项目。

对于业主而言，"智慧社区"为生活带来的改变，除了方便，更多的是快捷。

一天，业主郑先生回家时，正巧看到楼下的消防栓在渗水。当他准备给物业客服打电话时，工作人员已经到达现场。10分钟后，消防栓抢修完毕。

物业能有如此快速的反应，正得益于"智慧社区"24小时实时监控和设备异常自动报警功能。

2019年3月，物业公司广州分公司提出"智慧社区"建设蓝图；4月，广州荔湾国际城"智慧社区"项目团队正式成立；5月，物业公司广州分公司首次启动荔湾国际城"智慧社区"EBA项目。

该项目结合物联网对社区物业设施进行智慧运维，通过创新技术手段采集数据、精准运营和服务，实现了24小时实时监控园区公共设备、设备异常自动报警、远程精准定位故障问题、及时响应调度处理等功能。

当消防栓渗水时，客服人员通过智控中心的监控大屏实时收到了设备异常自动报警，并在第一时间下达维修工单。因此，当郑先生准备报修时，工作人员已赶到现场，并迅速完成了维修。

智控中心打通智慧服务"四大系统"

凌晨一点，广州荔湾国际城客服中心的电话响起。"您好，我家里突然停电了，你们可以过来看一下吗？"业主黄先生急切地说。

"我们马上到，您稍等。"智控大屏前，客服人员正迅速通过易软系统录入维修工单。

随即，工作人员的手机上也弹出了智控中心系统发出的信息，他们立刻赶到黄先生的家。原来是黄先生在烧水时水溢到了插线板上，线路短路后自动跳闸了。5分钟后，黄先生的家再次明亮起来。

"你们来得可真是及时啊！刚停电时我都不知道该怎么办，这么晚了还能这么快速响应！"黄先生感叹道。而这正得益于智控中心的"1123"接单流程。

为进一步完善"智慧社区"，2020年7月，广州荔湾国际城项目智控中心正式上线。智控中心上线后，客服人员严格按照"10分钟内接单并将诉求下达至对应项目，10分钟内与业主联系，20分钟内录入与业主联系情况，30分钟内工作人员坐席初步回访业主"的要求，全程设置专人跟进并监督项目的处理情况。

▲ 物业公司广州分公司智控中心现场

智控中心以数据集成为系统核心，以物业400服务热线为信息服务窗口，通过建设和整合"全球眼系统""易软系统""云梯系统""智慧社区"四大系统，将各项智慧服务汇聚在同一平台上。这样不仅实现了实时监控社区环境、设施设备及自动巡检等功能的同步，还实现了工单处理、投诉和物业管理相关业务数据的同步。

智控中心正是通过对各个物业服务系统的整合，实现了对整个园区的全方位监控和管理，为业主提供了更加安全、智能、便捷、舒适的居住环境。

2020年1月，广州荔湾国际城项目被广州市物业管理行业协会评为"智能化应用优秀项目"；2020年7月，广州荔湾国际城项目被XLINK地产物联网研究院评选为"智慧社区优秀实践项目"，"智慧社区"项目的落地情况和价值呈现被充分肯定。

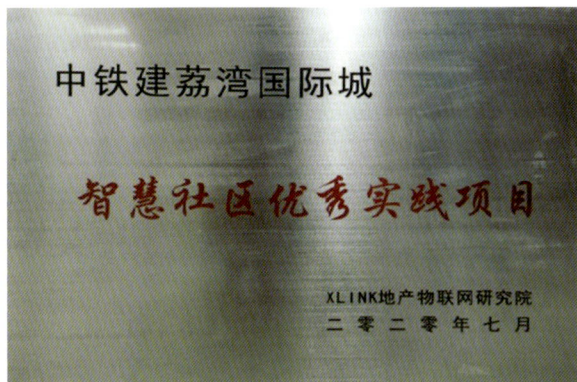

▲ 广州荔湾国际城项目被XLINK地产物联网研究院评为
"智慧社区优秀实践项目"

聚焦服务品质升级"智慧社区2.0"

"随着科技的不断进步，我们的'智慧社区'项目将引入AI技术，增设人脸识别及安防监控等升级功能，升级改造为'智慧社区2.0'，为业主提供更加安全、人性化的服务。"广州荔湾国际城项目经理王艳辉说。

升级改造后的"智慧社区2.0"项目将在"智慧社区"项目的基础上，针对多个场景进行服务迭代和升级：在无障碍通道及翼闸通道进出方向增设人脸识别机；启用门禁管理软件系统；通过网络视频录像机接入若干重点区域摄像头，并进行AI算法授权，利用视频数据增强对工作人员的行为管理、环境秩序维护及安全防范；对设备设施进行在线远程监控；建立广州荔湾国际城"智慧社区"总控中心；实现单项目多场景综合管理等功能，切实提升业主的生活品质。

随着信息技术的不断进步，"智慧社区"势必朝着更集成化、更智能化的方向发展，为业主带来更多元、更丰富的用户体验。而探索构建"智慧社区"服务模式，不仅是物业公司广州分公司提升客户感知度、提高运营效率的一次有益尝试，也是其实现转型的必经之路。

"我们将在试运行过程中不断根据实际情况调整，有周期、有计划地将'智慧社区'项目在整个华南区域乃至更大的范围内推广。"物业公司广州分公司总经理张建峰说。

（本文作者系中铁建物业管理有限公司职员）

【中国创·更美好】

看跨界如何引领央企品牌创新

文/王莹

2021年4月23日，在北京举行的第十二届金鼠标数字营销大赛颁奖现场，中国铁建地产"中国创·更美好"品牌营销战役，凭借千万级刷屏的传播效果及联动30余个中国品牌的传播量级，荣获"数字营销最具创新精神品牌奖"，这也是国内央企地产品牌首次获得该领域的创新奖项。

金鼠标数字营销大赛是数字营销行业中重量级的比赛之一。金鼠标于2015年成为釜山国际广告节和美国莫比广告奖的战略合作伙伴，被誉为"中国数字营销行业风向标"。自2009年成立至今，金鼠标见证了中国数字营销行业的蓬勃发展，与此同时收录了金鼠标历年获奖作品的《金鼠标数字营销大赛集萃》被中国广告博物馆收藏，为数字营销行业提供专业的指导与参考。

本次中国铁建地产"中国创·更美好"品牌营销战役，经过200余位评委的层层筛选，在1300余件参赛作品中脱颖而出，最终获得"数字营销最具创新精神品牌奖"，这次获奖实属不易，也为央企地产品牌营销的时代创新做出了表率。

▲ 金鼠标国际数字营销节画面

央业创新驱动 品牌创变升维
描绘大国美好时代

2020年在全球人民抗击新冠肺炎疫情的大背景及复杂的国际形势下，很多中国民族品牌开始思考，中国人到底需要怎样的生活方式？中国民族品牌能否满足大众对美好生活的向往？

这样的共同思考促成了两个企业的品牌首度落地合作。一个是代表中国民族汽车品牌的高标准——中国一汽红旗；另一个是引领中国建筑行业的建设狂魔——中国铁建地产，两者共同带来一次引领中国品牌文化自信的传播运动——"中国创·更美好"。

▲ "中国创·更美好"视频主海报

"中国创"这3个字饱含了对过往历史的缅怀，以及对实现未来美好向往的坚定信心。经过多次讨论，这次视频决定将中国创造和中国品牌的高光时刻汇集起来，通过技术手段的创新，营造出极具氛围感、冲击力和艺术享受的视觉体验，将中国精神、中国芯、中国速度、大国重器集结于一部燃情大片中，在家国同庆之际献礼祖国诞辰。

「 千里江山，观祖国大好河山 」

"中国创·更美好"视频主要场景搭建的灵感来源于《千里江山图》，这幅作品是创造力和艺术感的集大成者，这次视频将中国铁建地产的园林建筑与《千里江山图》融合，进行再创作，让传统文化与现代建筑完美融合在同一幅画卷中，带人领略中国铁建地产想要呈现的美好生活画卷。

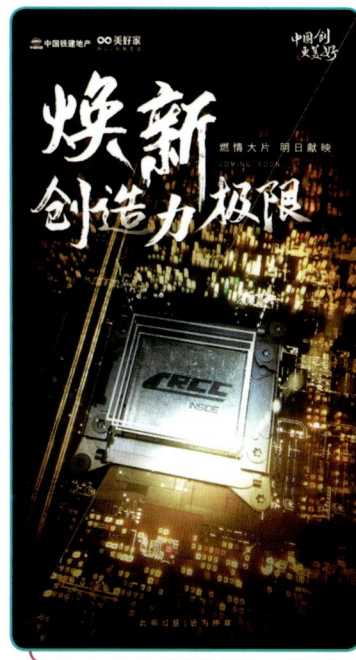

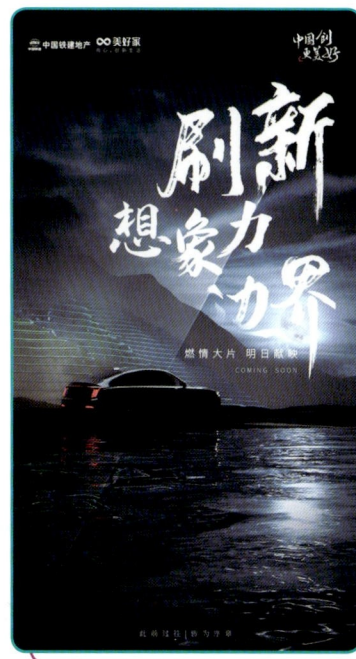

▲ "中国创·更美好"系列话题海报

「飞驰列车，中国速度」

如何表达中国铁建地产对于国家经济发展的影响呢？作为铁道兵的时代化身，这次视频以火车作为线索在千里江山中穿行，所到之处高楼崛起、城市繁华，用极其震撼的视觉冲击力表达了中国经济的高速发展，同时也象征着中国铁建地产传承铁道兵精神，坚持匠筑城市美好人居理念。

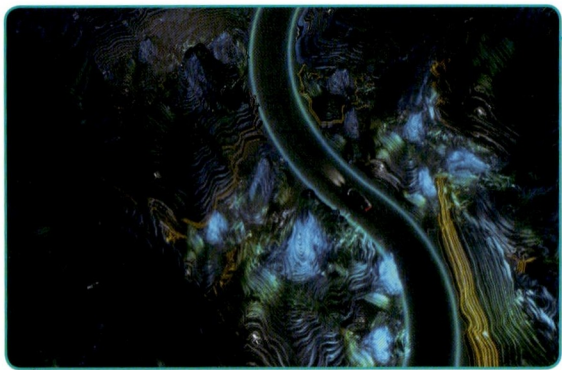

▲ "中国创·更美好"视频内容

「中国芯，中国心」

"科技大宅"是中国铁建地产对于现代中国高端人居的理解，是未来中国式美好生活的重要元素之一。科技已经成为中国创造的关键。我国自主研发的中国芯就是科技强国的代表，足以影响国家现代化工业的发展进程，为我国计算机、通信、服务器，以及银行等核心行业的安全加上了防护锁。

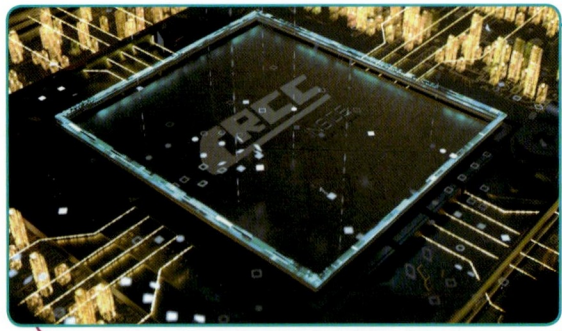

▲ "中国创·更美好"视频内容

最终这部燃情国庆的视觉大片在腾讯视频、微信、新片场、优酷、抖音等平台获得近百万播放量。

新媒体时代 央企创新人设 掀起中国品牌梦幻联动风潮

从两个品牌跨界到一波中国品牌的集结，联合成为本次"中国创·更美好"传播创新的重中之重。利用线上社交媒体平台多品牌参与，让"中国创·更美好"社交话题引爆全网。

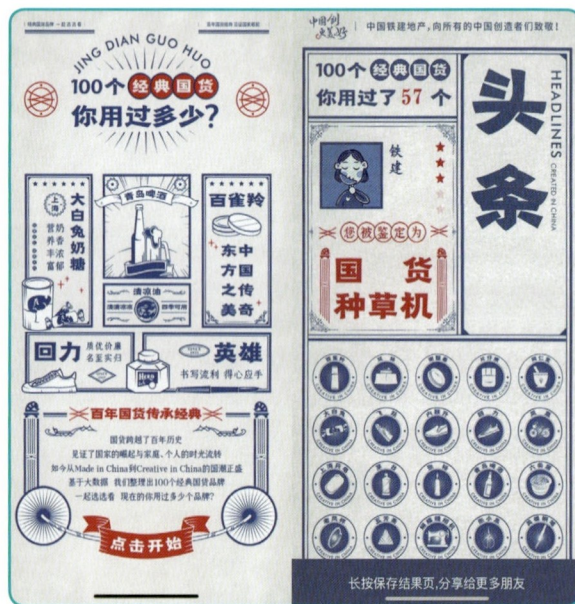

▲ "中国创·更美好"线上互动H5

"中国创·更美好"创意互动H5，从近万个中华老字号、数百万个近代中国国货品牌中精心筛选整理出100个经典国货品牌，让每个体验者更为直观地感受到从"中国制造"到"中国创造"的国潮正盛。

另外，在微博平台上，本次创意互动也联动了中国铁建、一汽红旗、中粮集团、科大讯飞、敦煌文创、五芳斋、饿了么、顺丰、晨光文具等30余个中国品牌进行

▲ "中国创·更美好"线上互动H5

了一次微博上的话题互动，掀起了"中国创·更美好"的全网话题高潮。多个品牌在线集结出动为国创力量发声，为中国式美好生活打Call!

营销创新模式落地
打造美好生活范本

本次"中国创·更美好"的品牌跨界合作，并不只停留在传播层面，而在双方品牌的营销模式上，以"一车一房"美好生活为行业引领，在行业内做出了表率。2020年年初，红旗H9全球首秀在人民大会堂举行，作为中国的国宾车代表被称为"2020年最让人期待的国产车"。

▲ "中国创·更美好"太原花语堂活动现场

2020年下半年红旗H9正式问世，随着两大品牌的合作，太原首辆红旗H9进驻中国铁建花语堂，成功引爆城市话题，通过民族品牌的强强联合，将"一车一房"与营销场景进行深入结合，打造具有中国文化符号的高端生活体验，为探索国人美好生活做出表率。

同时，在2020年国庆假期内，一汽红旗与中国铁建地产的首发联合大片在第十五届西安国际车展上也同步进行了线下首映，整个车展期间共吸引近50万人的观看并成为粉丝，为中国民族品牌在广大国际品牌竞争中注入了"中国创"的强劲能量。

华中公司品牌跨界创新启示

此次中国铁建地产与一汽红旗的跨界合作背后，是两个品牌对中国文化自信崛起发起的回应，在用品牌的力量向世界讲述中国的强大。年轻化的传播方式让"中国创·更美好"不再只是简单的号召，还成为一种中国品牌创新精神的符号；随着"一房一车"营销跨界模式探索的真正落地，为中国品牌不断追求卓越、增强市场竞争力发挥着巨大的引领作用。

（本文作者系中国铁建地产华中公司职员）

凝心聚力燃星火，风华正茂恰青年

——公寓公司青年人才培养著新篇

文／白宇

> 青年是企业发展的希望，是创新的动力。关注青年，加强对青年的培养是中国铁建地产集团一贯的人才培养理念，下属公寓公司贯彻这一人才培养理念，在探索青年人才个性化发展规划和选拔构建青年人才梯队方面做出了积极探索和尝试。

探索量化人才盘点，与青年员工共成长

青年员工个性强，个体差异明显，如何为青年员工制订符合其自身特点的发展规划，是困扰人力资源管理部门的一大难题。2020年，公寓公司通过探索量化人才盘点和开展"四方面谈"的方式，在制订青年员工个性化发展规划方面取得了积极成效。

该项目选取以校招生为主的部分青年员工为对象，开展量化人才盘点，并运用盘点结果形成"一人一案的个人发展规划""人才九宫格""培训课程计划"等结果性材料，并开展"四方面谈"，充分反馈问题，为青年员工提供翔实的个人发展建议。

该项目在开展过程中最值得

借鉴的经验是对评价结果主观性的修正方面所做出的尝试。在具体实践中，一是采取了主观与客观多项测评、加权取值的形式稀释主观评价的影响。二是采取充分沟通的方式，在下发360度测评前与每一个评价人单独电话沟通，讲明本次测评的目的、评价人选择的依据、匿名评价原则、测评结果的使用方式等，并提醒评价人做出客观评价。从整体测评加权统计的结果来看，360度测评的分数基本符合实际情况，再综合人岗匹配在线人才测评分数，获得的加权分数基本可以反映被测评者当前的能力水平。三是进行"四方面谈"，做好结果反馈，"四方面谈"由人力资源管理部门、青年员工直接领导、分管领导一起向每个青年员工单独反馈盘点情况，说明盘点的依据和评价方式，指出发展规划建议

和业绩目标要求，既保证了个人发展规划被有效送达，也充分解释了评价结果的主客观性问题。

聚星火，启后浪，构筑人才蓄水池

当前，很多大型企业都将内部人才培养和选拔作为人力资源管理的重中之重，青年人才梯队的选拔和建设是企业面临的一大难题，公寓公司秉持为青年员工创造机会，为企业构建人才蓄水池的理念，启动了"星火项目"。

"星火项目"是一项为期2年的青年员工培养计划，目的是打造一支深度认同铁建文化、具备解决问题能力的青年队伍，形成人才蓄水池，建立公司人才选拔、培养、评估全流程的人才培养模式。该项目通过多角度的人才盘点，选出具有

培养潜力的青年员工，通过制订个性化职业规划引导青年员工树立与公司发展战略相协调的个人规划，通过导师带教、轮岗锻炼和集中培训提升知识和技能。

在该项目实践中，我们探索出以下值得借鉴的思路。

多维度，全覆盖，公平选拔是前提。"星火项目"的选拔流程按照公平、公正的原则，对全体"90后"青年员工进行人才盘点选拔学员。从管理自我、管理他人、管理事务三大类14个维度进行360度测评，结合管理潜力测评中的经营管理、团队管理、任务管理、自我管理四大类9个维度进行多角度、多维度分析，再结合青年员工的基本信息、历年业绩考核等项目进行积分排序，分列人才九宫格，经征求员工分管领导意见后产生入选学员。第一批学员共计26名，年龄全部在30岁以下，学历全部为本科以上，其中硕士研究生占比35%，党员9人，有职称人数占比42%，这批学员不仅年轻，而且素质高。

定计划，勤关注，因材施教人为本。"星火项目"为每个学员量身定制了个人发展规划，帮助青年员工立足不同工作岗位，明确奋斗目标，寻求全方位发展。公寓公司结合人才盘点情况为学员匹配导师，导师与学员共同制订、落实各阶段辅导提升计划，做到因材施教。人力资源管理部门和导师阶段性与学员开展谈心和谈话，从工作和生活上了解学员的思想动态，分析学员的阶段性需求，分管领导对导师的工作成效进行评价，学员对导师的辅导情况做出反馈，双向评价促使导师倾囊相授，学员培养效果稳步提升。

重规划，严考评，领导重视是关键。公寓公司党总支高度重视青年员工的发展情况，主管领导亲自参与项目筹划及实施，分管领导和部门领导亲自担任导师，人力资源管理部门全程参与。"星火项目"分为4个阶段，每个阶段都有相应的积分考核，实行末位淘汰制，每个阶段积分排名后10%的学员退出培养项目，积分前后对照，了解学员的成长动态。

"星火项目"现已进行了两个阶段的学习，学员们学习了"职业规划制订"课程，并制订了自己的短期和中期个人规划。学员们分组阅读了图书《结构思考力》，并开展了读书分享会，从学习内容、学习感悟及实践应用等方面进行了现场分享。"星火项目"召开了青年员工座谈会，青年员工针对中国铁建地产集团和公寓公司"十四五"战略发展规划，建言献策，提出可参考性意见28条，体现出关注公司发展、学以致用的精神风貌。学员们学习了"运用结构化思维进行工作汇报"课程，学习使用思维导图，并运用思维导图制作各类机构图23份。

通过"星火项目"的实践，公寓公司积累了与青年员工"打交道"并建设青年人才队伍的经验，也让青年员工更加坚定了奋斗目标，稳定了人心，激发了青年员工在学中干、干中学，立足岗位做贡献的信心。

（本文作者系中铁建公寓管理有限公司职员）

WORK EFFICIENTLY

高效工作

古人云："苟日新，日日新，又日新。"机遇从不眷顾因循守旧、满足现状者，从不眷顾不思进取、坐享其成者，而是青睐于敢于创新、勇于开拓者。

在不断变化的当下，我们必须根据不断变化的情况，调整工作思路，改进工作方法，大胆地闯，大胆地试，创造性地工作，才能使工作取得新进展、新突破。

中国铁建地产集团已经制定了"十四五"战略发展规划，为我们描绘出一个新格局。在随后的文章中，我们会集中分享来自不同维度的工作创新方法，供大家参考。

番茄工作法：
最简单的高效工作方法

文／章鱼读书

互联网时代，注意力变成越来越宝贵的资源，想要专注地做点事情，却变得越来越力不从心。很多时候，大家感觉做事没有效率，并不是没有足够的时间，而是有足够的时间，却发现自己已经无法集中注意力来高效工作了。

🕐 什么是番茄工作法？

番茄工作法是由弗朗西斯科·西里洛在1992年创立的，那时他还是一名大学生，也常常因为自己不能集中注意力而感到非常痛苦。

有一天，他对自己说：我就试一试，我能不能专心致志地学习十分钟？

于是他找来一个厨房计时器，为自己设定了10分钟的倒计时，结果一试，他发现自己竟然能专注地学习了。慢慢地，他将这个方法不断地优化发展，最终创立了一整套高效实用的工作方法。因为他使用的厨房计时器是一个番茄的样子，所以他把这套方法命名为"番茄工作法"。

不少人都表示，他们借助番茄工作法克服了自己的拖延症，拯救了自己的注意力。

🕐 如何使用番茄工作法？

番茄工作法的要点主要分成工作、记录和计划3个部分。

我们先来看番茄工作法的第一个部分：工作

利用番茄工作法来进行工作，其实非常简单，只有3条原则：

第一，从你要做的事情中，选择一项最重要的事情，作为你当前的工作；

第二，设定一个25分钟的倒计时，作为你的工作时间；

第三，工作25分钟之后，休息5分钟，这5分钟你必须完全放下工作，去喝口水、听听音乐或者眯一会儿，总之要真正休息。

如此循环，你就掌握了番茄工作法的核心要点。

25分钟的时间，让我们更容易开始，也不会陷入拖延。我们最容易拖延的，是那些不容易看到终点的工作。如果你目前有一项工作，是需要持续好几天、花费数十个小时才能完成的，那就非常容易引起拖延症。

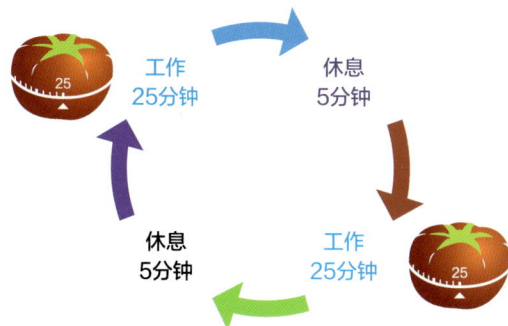

工作
25分钟

休息
5分钟

休息
5分钟

工作
25分钟

我们都容易产生这样的心理：如果我们面对的是一场马拉松比赛，那我们就会想，无论是跑得快还是跑得慢，我们一时半会儿也到不了终点，既然这样，还不如跑慢些。可是，如果我们面对的是100米的比赛，那我们就更容易说服自己冲刺。

所以，把番茄钟设定为25分钟，是让我们可以把马拉松式的工作拆解成一段段的百米赛跑，我们自然就能克服拖延症，用冲刺的心态高效工作了。

25分钟的时间，可以让我们更加灵活地安排我们的工作。以25分钟作为一个番茄钟，你的时间就可以安排得更加灵活。举个例子，当你正在完成一个番茄钟的时候，如果有同事来找你，你可以说：不好意思，我正在完成一项工作，请你稍等一下，十分钟之后我去找你。相信你的同事是愿意等这十分钟的。

总之，用25分钟作为一个番茄钟，让我们无论面对内心的拖延还是外界的打扰，都可以更从容地应对，这也是番茄工作法最有价值的创新之一。

这里需要强调的一点是，一个番茄钟是不可以被打断的。如果你在一个番茄钟内做了其他事情，例如你写了15分钟的报告，就忍不住去刷淘宝，那么这个番茄钟是无效的。之所以这样，就是为了让我们养成习惯，以番茄钟作为基本的时间单位。

番茄工作法的第二个部分：记录

想要更好地实践番茄工作法，我们需要记录3个方面的内容。

第一是记录任务的完成情况。
第二是记录临时冒出来的任务。
第三是记录工作时的打断情况。

记录任务的完成情况，主要是统计你在完成某个任务时，总共使用了多少个番茄钟。

临时冒出来的任务有两种：一种是别人交办的，例如在你工作的时候，领导突然说，需要你把xx项目的资料调出来，他要重新看一看；另一种临时冒出来的任务是自己突然想到的，例如你正在写报告，突然想到，下周就是女朋友的生日了，可你还没有给她准备礼物。

工作时的打断情况也分成外部打断和内部打断两种。领导和同事来找你，你不得不放下手头的工作，这就是外部打断；你突然想到有重要的工作没有完成，或者实在忍不住刷一下淘宝或朋友圈，这就属于内部打断。

你可能听完之后觉得有点疑惑：啊？要记这么多东西，那我还有没有时间工作了？

别着急，其实你用一张纸和几个简单的符号，就可以完成你的记录，只要你掌握适当的方法，根本不会占用你多少时间。

具体要怎么做，举个例子来说明。

在你每天开始工作之前，拿出一张纸，列出你今天要做的事情。例如：

第一，撰写关于A项目的报告；
第二，准备后天关于A项目的汇报，制作PPT；
第三，归档前一阵子的重要文件资料。

之后，你按照你列出的待办事项，开始以番茄钟为时间单位，一项一项地完成你的工作。

当你打算开始一个番茄钟，做第一项工作时，就在待办清单的第一项后边画一个方框。

当你这个番茄钟成功完成之后，就在那个方框里打钩。

如果你在撰写报告的时候，突然想到要给女朋友挑选生日礼物，这时，你可以花5秒钟，在你的待办清单背面记录下"记得给女朋友挑生日礼物"，这时你的番茄钟不算被打断。

如果你在撰写报告的时候，领导突然找你去开会，为此你不得不中断这个番茄钟，那就在任务后边的那个方框里打个叉，代表这个番茄钟被中断，同时记录下被中断的理由。

这样，完成一天的工作后，你的待办清单就变成工作记录。正面是每项任务的完成情况，你可以很清楚地看到每项任务分别花费了多少番茄钟，在一天的工作中有多少次被打断，以及为什么被打断。

而这张纸的反面，就是你记录下来的临时任务，可能是领导交办给你的，可能是同事拜托给你的，也可能是你自己想到的，那么这些任务就可能是你明天的待办事项。

番茄工作法的第三个部分：计划

事实上，大部分人做的计划往往都是空想出来的，这样的计划在实际工作中是难以实现的。而借助番茄工作法，尤其是我们积累下来的记录以后，我们就更容易做出切实可行的计划，更好地帮助我们高效工作。

以往的记录，怎么来帮助我们制订更好的工作计划呢？你需要三步。

第一步，收集你列出的临时任务，按照紧急和重要的程度，写入接下来几天的待办清单中。

第二步，回看你以往的待办清单，看一看你为自己设定的每项任务都需要几个番茄钟来完成，如果一项任务所需的番茄钟大于7个，那就说明你为自己设定的任务太复杂了，你需要做的就是下一次拆分类似的任务。

第三步，分析一下以往的工作中，你常常因为哪些人、哪些事造成番茄钟中断？你在哪个时间段最容易造成番茄钟中断？

如果是自己造成的内部中断，例如自制力问题，那么你可以每周给自己设定一个小目标，如本周允许自己的内部中断为15次，到下周就可以设定为12次，这样你就能感受到自己的进步，你也会越来越自信。

如果是外部中断，你可以分析自己在哪个时间段最容易被别人打断，如果真的是在某个时间段会有大量的临时任务涌进来，那么你可以把这个时间空出来，专门承接临时任务。

随着番茄工作法越用越熟练，慢慢地，你可以尝试预估自己需要完成任务的时间，在列出待办清单之后，先预估一下需要多少个番茄钟才能完成，再和实际结果进行对照，久而久之，你就能精准把控时间，也就进入了时间管理的更高境界了。

与其管理时间
不如管理精力

文／章鱼读书

精力就是做事情的能力。要想在紧张的工作中进入全身心投入的状态，与其管理时间，不如管理精力。这才是高效做事的基础。

一个人的精力由体能、情感、思维和意志4个维度构成。

全身心投入工作，需要身体活跃、情感联动、思维集中，并且达到超出个人短期利益的意志高度。

精力管理的第1个维度 ‹体能›

体能精力是一个人在身体层面的精力。对于工人、农民、运动员来说，体能的重要性是不言而喻的。可是对于身处办公室的现代职场人来说，大多数人都不重视自己的体能。而实际上，体能是高效工作的基础，它不仅是敏锐度和生命力的核心，还是影响我们管理情绪、保持专注、创新思考甚至投入工作能力的支柱。

可以说，管理好自己的体能，就是管理好自己的发动机。

那么我们怎样才能让自己拥有更强的体能呢？《精力管理》这本书给出了以下4条建议。

第1条建议：学会呼吸

我们虽然无时无刻不在呼吸，但是大多数人不懂得主动借助呼吸的力量消除自己的紧张情绪，提振自己的精神状态。

其实我们在面对愤怒和焦虑时，一个简单的呼吸小技巧就能让我们集聚精力。现在请大家一起来试一试。

首先深深地呼出一口气，感觉把肺中所有的气体都呼了出来，然后慢慢地分成3次吸气，接下来同样慢慢地分成6次呼气。

保持3次吸气、6次呼气的频率，持续一段时间。怎么样，是不是感觉自己心情更平静，同时注意力也更集中了呢？

以后当你在焦虑、紧张或者疲惫时，你就可以主动借助呼吸的力量来为自己充电。

第2条建议：调整饮食方式

我们的体能就像一台发动机，氧气当然是必不可少的，同样重要的还有燃料，也就是食物。

即使是营养很丰富的食物，也不足以支持我们高效工作五六个小时，因此建议，我们一天吃五到六餐食物，可以保证精力满满。

看到这里你可能会说，现在大部分人一日吃三餐还天天长肉，要是一天吃五到六餐那得胖成什么样啊？

其实，多吃，并不一定会发胖，关键在于控制自己每餐的进食量。如果你既感觉不到饥饿，又感觉不到胃里很撑，这就是刚刚好的进食量。

同时，选择"升糖指数低"的食物，例如全麦食物或者水果，而且每天的五到六餐并不需要都是正餐，你可以在一日三餐之间补充一点零食，就能让自己迅速恢复活力。

据研究，选择加餐之后，许多人在正餐时反而没有那么饥饿，就会少吃很多，还因此瘦下来了。

第3条建议：调整睡眠

睡眠缺失会影响人的心血管能力、情绪、思维能力、记忆力、反应时间等各项机能。我们只有满足7～8小时的睡眠，才能让自己的身体运转良好。如果遇到必须加班加点工作的情况，那我们也要保证每工作4小时，小睡半小时。

第4条建议：学会间歇性训练

间歇性训练是一种新的锻炼模式。以往人们都倾向于长时间的锻炼，而间歇性训练的核心在于，如果加入休息时间，那么身体可以完成更高强度的工作。

力量训练就是典型的间歇性训练，我们都是进行一组举重，然后休息一会儿，再进行下一组。其实，很多常见的有氧运动也可以把它们改造成间歇性训练。例如，我们将慢跑升级为变速跑，散步变成快走和慢走的交替。很多研究表明，这种间歇性训练要比匀速的有氧运动更有效果，也更容易坚持下来。

精力管理的第2个维度 ‹ 情感

情感精力是一个人在情感层面的精力。为了在工作中达到全身心投入的状态，我们必须调动积极愉悦的情绪，例如喜悦、挑战、冒险和机遇，还要尽力避免那些负面情绪，例如恐惧、沮丧、愤怒和悲伤。

情感精力决定了我们管理正面情感的能力。在《精力管理》这本书中，作者认为，我们每个人的情感，其实和我们的肌肉一样，如果长期让它紧绷，它很快就会感到疲劳，如果按照一定的模式训练，让我们的情感稍微超出一般的压力之后再马上休息，那么我们的情感精力就会像经常锻炼的肌肉一样，越来越强壮。

定期锻炼、周期恢复，这就是我们提高情感掌控能力的关键。

那么，具体要怎么做呢？

对于如何锻炼这一点其实不必担心，我们每个人在生活、工作、学习中，都在不断消耗自己的情感。工作压力越来越大，生活节奏越来越快，人际关系也越来越复杂，给我们的情感越来越多的考验。可以说，每个人都处在一个正面情绪被快速消耗的时代。

我们就好像是从事重体力劳动的人一样，不用担心如何锻炼的问题，更重要的是如何快速恢复。

那么，我们如何快速恢复自己的正面情绪呢？《精力管理》一书给出了3点建议，也可以说是3种恢复情感的加油站。

正面情绪的第1个加油站：结交朋友

咨询公司盖洛普曾经做过一项研究，结果显示，保持优秀表现的一大诀窍就是在工作环境中至少交到一个好朋友。当在工作中感到孤立无援、不被肯定的时候，和朋友聊一聊，就能让我们很快地找回轻松愉快的状态。

正面情绪的第2个加油站：深度交流

你可能天天和你的同事、家人见面，但是并不代表你会和他们深入交流，这种状态其实会让我们与外界的联系变得非常淡薄，我们也无法获取更多的情感精力。

所以，定期抽出一些时间与家人、朋友一起进行深入交谈，和你的同事一起参加一些有趣的活动，在这样深入的交流中，不仅彼此的感情会变得更加深厚，你也会感觉自己的情绪越来越愉悦。

正面情绪的第3个加油站：享受生活

职场的工作越来越忙，我们每个人都把大部分时间给了事业，却忽视了与自我相处的时间。而想要拥有更正面的情绪，你就需要多一些与自我相处的时间，做一些真正让你感到愉悦的事情。

所有能带来享受、满足和安全感的活动，都能够激发你的正面情绪。因为每个人的兴趣不同，所以喜爱的活动也不同。这些活动可以是运动、阅读、唱歌、旅行。总之，那些对你来说越有吸引力的活动，越适合作为你独处时正面情绪的加油站。

精力管理的第3个维度 ◀ 思维

思维精力是一个人在脑力层面的精力。思维精力影响着我们的专注力和创造力，如果缺乏思维精力，我们在工作中就容易注意力涣散、思维固化、眼光狭隘，工作成果会大打折扣。

如何提高我们的思维精力呢？一方面，我们4个维度的精力是相辅相成的，前面提到的体能精力和情感精力都会对思维精力产生影响。如果睡眠太少，或者处于身体亚健康状态，那么就难以集中注意力；如果经常处于焦虑、挫败或愤怒的情绪之中，那么也会伤害我们的创造力。所以，维护好我们的体能精力和情感精力，就已经为思维精力打下了基础。

除此之外，在《精力管理》一书中，作者又给出了3个妙招来增强我们的思维精力。

增强思维精力的第1招：学会在放松中思考

大多数公司都希望自己的员工能长时间连续工作，认为只有这样刻苦才能有高产出。这种想法对于重复性劳动来说，也许还能勉强撑下去，但是对于需要创造力的工作来说，就根本不是这样。

实际上，思考会耗费巨大的精力。如果思维得不到足够的恢复，我们就不会有好的想法和创意。思维恢复的关键是让正常工作的大脑得到间歇性休息。

《精力管理》这本书的作者曾经问过很多客户一个问题：大家在什么场合会获得最佳灵感？大家的答案有洗澡的时候、散步的时候、冥想的时候、听音乐的时候等。有意思的是，几乎没有人是在工作中获得最佳灵感的。

所以，如果你从事的是需要创造力的职业，那么你要学会找到一种让你放松的方式。在放松中思考，可能会比满负荷的工作更有成效。

增强思维精力的第2招：适度锻炼

适度锻炼不仅可以提高你的体能精力，还能增强你的思维。日本的神经科学家们曾经做过一项研究，他们让一群年轻人每周进行两到三次慢跑，4个月后测试他们的记忆力。结果显示，他们的答题速度和正确率都要比4个月前高出了25%。而一旦这些年轻人停止锻炼，这个神奇的效果也就慢慢消失了。

我们的思维和身体是密不可分的，所以，养成锻炼的习惯可以同时增强体能精力和思维精力，这是一个超值的选择。

增强思维精力的第3招：做好时间管理

我们的工作很容易陷入紧急却不重要的事务中，如果被这些事务包围，就会不断加强我们内心的紧迫感。而这种紧迫感就会不断地侵蚀我们的思维精力，让我们只能应对一些简单的事情，例如打电话、回邮件；可是那些更加重要的思考，例如自我反省、长期规划、深入思考，就会被我们拖延再拖延，最后我们就成了一台简单的工作机器，重复着没有创造力的工作。

所以，我们需要做好时间管理。如果每天把更重要的时间从外部转移到内心来，用来记录工作、生活中出现的问题，留下反思和进步的空间，就会为我们带来更多的镇定和专注，让我们的思维更加自由。

精力管理的第4个维度 ◀ 意志

意志精力是一个人在精神层面的精力。它是我们做事情的动力来源，也就是说，意志精力决定了我们为什么要坚持做一件事情。激情、奉献、道德、自律都是我们意志精力的重要来源。

按照《精力管理》作者的观点，一个人要想丰富自己的意志精力，必须在两件事情中找到平衡：第一件事是为他人奉献；第二件事是照顾自己。

这二者缺一不可，如果仅仅关注奉献，最终难免会因为自己的牺牲而苦恼；可是如果仅仅关注如何照顾自己，又会变成一头只在乎生存的野兽。只有在这二者中找到平衡，才能让我们保持丰富的意志精力。

意志精力提升的最佳方式是从人类的精神宝库中获得自我提升。通过阅读一本好书，听一场精彩的演讲，让你的内心更有价值观与使命感，你就会有更丰富的意志精力。除此之外，更多地去关注他人，也是提升意志精力的方法，因为意志精力的一个支撑就是奉献。当你更加关注他人的需要，尊重他人的感受，你就会更有动力让自我发生改变。所以，当你在为了要不要坚持一件事情而感到苦恼的时候，想一想家人、朋友，看看自己的努力是否会为他们带来实用价值，你可能就会多了一番使命感，也就多了一份勇气。

希望你也能够拥有超强的精力，在工作中全身心投入，在生活中拥有源源不断的热情。

逻辑是只飞奔的乌龟

文／枫晓柒

在寓言"龟兔赛跑"中，不论兔子睡与不睡，乌龟总能够战胜兔子。很多人会认为，乌龟之所以赢是因为兔子的松懈，这并不完全正确，因为兔子不睡的时候也输掉了比赛。在比赛中，乌龟总是能够找到最近的路线，因为它知晓赢得比赛的逻辑。因此，我们可以这样来定义：逻辑是只飞奔的乌龟。在日常的工作中，我们时常会遇到下面的情形：当你阐述一个PPT时，却无情地被客户或领导打断；当你做工作汇报时，领导会眉头紧皱；当你讲一个故事时，听众昏昏欲睡……也许，我们会抱怨客户的无知、领导的苛求以及听众的无礼。殊不知，造成这种局面的原因在于你本身：或表演的无趣，或内容的空洞。这一切几乎都源于一个因素：缺乏逻辑。

"想清楚，说明白，知道怎么说、说什么"是每个表演者所希望达到的境界。然而，我们如何做到在思考、沟通交流和解决问题时，重点突出、条理清楚、层次分明呢？曾为麦肯锡咨询公司第一个女性咨询顾问的芭芭拉·明托在所著的《金字塔原理》中给我们介绍了如何建立表达、思考以及解决问题的逻辑。全书主要包括4个方面的内容：表达的逻辑、思考的逻辑、解决问题的逻辑、演示的逻辑。

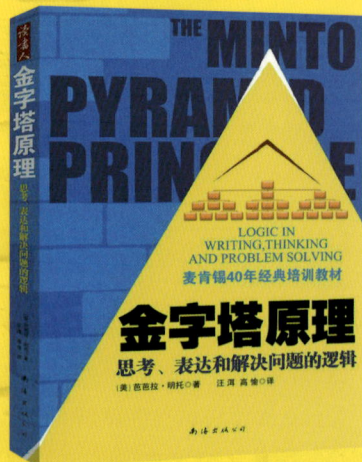

1 表达的逻辑

这一部分内容主要介绍了金字塔原理的基本概念，以及如何构建基本的金字塔结构。在人类思维的基本规律中，大脑会自动将信息归纳到金字塔结构的各层中，以便于理解和记忆。所以，当你组织的信息非常混乱时，就背离了大脑既定的思维结构，造成受众理解有误。根据金字塔原理，在表达的过程中，我们要找出各部分的逻辑关系，并抽象概括分组。因此，我们需要自上而下地表达，结论先行，避免受众思维的偏差。

自上而下构建金字塔的步骤主要有画出主题方框、设想主要疑问、写出对疑问的回答、说明背景、指出冲突、检查主要疑问和答案，这样就完成了金字塔的构建。在金字塔结构中，我们要注意横向思维的运用，文中任一层次上的思想必须是下一层思想的概括；纵向思维告诉我们，每组思想必须属于同一逻辑，并按同一逻辑顺序排列，否则就不能称之为严格的金字塔结构。

2 思考的逻辑

这一部分内容主要介绍了如何深入细致地把握思维的细节，以保证使用语句真实、明确地呈现出你希望表达的思想。思考逻辑的关键在于应用逻辑顺序，根据问题的性质选择使用时间顺序、结构顺序还是程度顺序。建立并使用清晰的分析与思考结构，是保证思考逻辑的关键。将思考结构化，利用框架分析问题，可以明确思考的路径。

思维包括发散思维与收缩思维两个方向：发散思维可以全方位思考问题，不遗漏任何因素，可以用思维导图来解决；收缩思维是将信息范围缩小，排除无关或次要因素，保证思维重点。发散思维与收缩思维通常结合使用，一个负责铺开，一个负责收紧。

在应用逻辑顺序进行分析后，我们需要概括各组思想，这一步往往被大多数人忽略。概括各组思想可以给

受众明确的指导。例如，"公司应当建立3个目标"就属于缺乏思想的阐述，"该公司需要从营销、财务、人力资源3个角度建立目标"就属于有思想的阐述，后者明显能够对受众产生吸引力。

3 解决问题的逻辑

这部分内容主要介绍了如何在解决问题过程的不同阶段，使用多种分析框架组织分析过程，使你能够预先组织思路，灵活运用金字塔结构。一般来说，解决问题的程序包括界定问题、结构化分析、分析/计划、组成金字塔。

提高解决问题效率的秘诀在于界定问题的准确性和搜集数据的条理性，这两个内容都离不开结构化分析。结构化分析是解决问题的核心步骤，常用的结构化分析框架主要有流程图、甘特图、思维导图等。值得注意的是，我们要先思考产生问题的原因，再搜集资料，这样可以减少搜集资料的时间，提高搜集资料的效率。逻辑树也是解决问题的重要路径。

4 演示的逻辑

这部分内容主要介绍了PPT的使用技巧，以及在PPT中使用金字塔结构。一般来说，理想的PPT是图表占90%，数字占10%。在进行演示时，我们要遵循以下原则。

（1）每次只演示一个论点。

（2）论点应使用完整的陈述句而不是标题性语言，例如，"销售前景"与"销售前景看好"。

（3）文字尽量简短。

（4）使用简单的数字或词汇。

（5）字号选择适中。

（6）趣味性，包括演讲者本身、动画使用等。

总之，金字塔原理可以应用在工作的方方面面，它对于我们从一只慢吞吞的乌龟变成飞驰的乌龟，具有重要的指导意义。

让工作氛围更轻松、提高工作效率的小方法
@李阳（公寓公司）

1. 比完美更重要的是完成

在开始新的工作时，我们总想把这件事情做得完美无缺、滴水不漏，从而在前期做过于充分的准备，使自己处于过度紧张和压力之中。"比完美更重要的是完成"是扎克伯格的一句座右铭，就是告诫大家不要过分追求完美，而要先完成目标，再去对结果进一步优化，使之精美，持续迭代。

2. 碎片化时间不用来学习，而是用来思考

生活中的碎片化时间，很多人会选择读书、看微信公众号，或者听讲座和公开课，这比发呆、什么也不干要好得多。但这仍然不是最好的利用方式。最好的利用方式不是学习，而是思考。把工作、学习中遇到的问题，分解成一个个更小的问题，利用碎片化时间去思考，这就是把工作化整为零、逐步攻克的最好方式，也是最能节省时间的方式。

3. 为自己预留的工作时间宁可多，不可少

管理学家德鲁克在《卓有成效的管理者》中指出，我们常常会高估自己的能力，从而低估了完成一件工作所需的时间。一旦低估了时间，轻则会因为赶工导致心理焦躁、工作质量没有保障，重则会导致整体安排被打乱、所有工作都变得混乱。因此，要做到高效工作，我们就要做到对时间需求的估计宁可有余，而不可不足。例如，你完成这项工作最终估算的时间是4天，那么你在预留这项工作所需的时间时，最低不能少于4天。

掌握四大秘钥，瞬间提升你的工作效率
@尹龙浩（商业公司）

1. 运筹千里，逻辑至上

在开始工作前，我们先要把整体框架、步骤在脑海里过一遍，这就是"打腹稿"。做事不打腹稿就立即行动的人，看似执行力很强，实则思路混乱，浪费的时间更多。

2. 工作聚焦，合理规划

时下，碎片化工作的趋势日盛，多线程工作是我们的常态。但所谓的多任务处理，其真正的意义并非同时能做好几件事情，而是能在短时间内合理安排好各项事务的轻重缓急，每件事都做得有条不紊。提升工作效率的真谛，绝非分散精力，而是合理规划时间。

3. 大事化小，节节攻克

当目标过于复杂庞大时，我们要把它拆分成一个个小节点。关注工作的底层逻辑，其实大目标是由若干个中目标组成的，中目标又是由若干个小目标组成的，当这个思路运用娴熟之后，你会发现任何工作都可以被"拆解"，这是一种既可以降低工作难度又能提高工作效率的好方法。

4. 由难入易，取悦自我

如果条件允许，建议大家在开始做事前先把最难的部分挑出来，集中精力和资源攻克最大的难题。一开始做最难的工作，你会发现接下来的事情会越做越顺，心情越来越好，效率更是越来越高。这个过程就像骑车下坡，你会感到一路酣畅淋漓。

如何高效学习、找到适合自己的学习方法
@王乐（公寓公司）

方法一：测试前置。简单来说，该方法就是学之前先考考自己。不管学什么，学之前先问自己以下4个问题。

1. 这门课/这本书的标题是什么，它主要谈的是什么问题？
2. 关于这个问题，在学习之前，我了解么？
3. 关于这个问题，在学习之前，我的观点是什么？
4. 接下来我要开始学习，我最想知道的、最想通过老师解决的问题是什么？

回答完这4个问题，你基本上就已经设定了该领域的"学习任务"。这几个"学习任务"能帮助你迅速进入学习状态，集中注意力，从而事半功倍。其实，工作中同样可以利用这一方法来帮助我们快速投入新的工作领域。例如，领导安排了一个新的工作模块，你在面对全新的工作内容前，完全可以围绕4个自测题来设定工作内容：关于这个工作模块，我认为它主要解决的是什么问题？关于这一工作，我在着手前需要知道什么？在着手前，我的主要观点/原则/目标是什么？接下来，我要开始工作，我最想知道的、最想通过领导解决的问题是什么？这样，在开始新工作前，我们就有了抓手，自然不会盲目。

方法二：指读法。这个方法对我来说是目前最实用的一种学习方法，就是读书的时候用一根手指指着要看的字，逐字逐句地阅读，手指指到哪里就读到哪里，这

在很多人看来，可能是最"笨"也是最"可笑"的方式。我之前也这么认为，很多时候被别人看到这么读书会很不好意思。但真正运用了这个方法阅读，尤其是读那些需要逻辑思考的图书时，这种看起来"笨"的方法，居然是最快、最有效率的。在我考证时，阅读教材就是这么"啃"下来的，最明显的感觉就是通过这种方式的阅读，记忆的内容更多、更深。

方法三：多环境输入法。这个方法就是在接受同一个信息时，用不同的"接收器"来同时接收信息。例如，看一本书时，你可以找一下这本书的电子音频，边听边用上文提到的指读法看文字，音频的速度引导着你看文字的速度，相当于一个信息同时输入两次，用不同的刺激方式强化信息的输入，接收和理解信息的效果十分明显。

在职场中成长需要保持空杯心态
@聂娴玉（物业公司）

主动倒空情绪，虚心接受新事物。"世界上永远不变的东西就是变化"，只有拥有了空杯心态，才能随时改变自我，以快速应对瞬息万变的职场问题。当你充满负能量时，你会执着于自己的想法，无法换位思考；只有处理堆积的情绪，释放自身的负面情绪，永不自满，像一块海绵一样不断释放与吸收，才能得到不断成长，达到豁然开朗的境界。

工作中的创新更需要空杯心态。学习有"知之""好之""乐之"三重境界。当你因为某一个方案抓耳挠腮时，不妨先让自己放松、冷静一会儿，然后在内心整理好思绪，去请教前辈，去网络上搜集信息，不断更新自己对问题的认知，多角度去思考，这样，你就会发现问题迎刃而解。随着互联网的快速发展，当你觉得自己的能力还不够时，就要在工作之余给自己充电，才能在工作中更好地提高自己的能力，不断超越。

学习心得分享记
@王琳（物业公司）

寻找学习动力： 从思想上把"要我学"转变成"我要学"，我会给自己布置学习任务和激励计划，例如，"看完这本书就出去玩一下"，可以让我更能坚持、主动学习。

树立忧患意识： 如今是科技时代，社会发展日新月异，人才辈出。如果个人能力停滞不前，不是被后浪超越，就是被科技替代。所谓逆水行舟、不进则退，学习是增强个人竞争力的有效途径。

善用学习工具： 工作后的学习时间是很珍贵的，有效率的学习更重要。"工欲善其事，必先利其器。"我会运用学习软件辅助自己学习，学习之后还会写"学习日记"来记录学习的内容和心得，帮助自己复盘，了解学习成效，以便改进。

规划学习内容： 除专业知识之外，我也会提高工作中的辅助技能，例如，掌握办公软件小技巧能帮助自己高效工作。我最近在读《沟通的艺术》，良好的沟通总能事半功倍。我们要"坚持干什么学什么、缺什么补什么"，有针对性地学习，努力使自己真正成为行家。

方法齐分享 学习有新招
@史云云（物业公司）

思维导图笔记法： 记笔记一直是学习中很重要的部分，思维导图就是记笔记的一种方式，是按照大脑需要的方式去组织自己的笔记。思维导图不仅可以快速且完整地记录所学的知识，而且可以在需要的时候快速检索到知识。不管是现在的知识学习还是以后的工作安排，都可以运用思维导图来记录。思维导图可以很清晰地展现出这些内容之间的关系，中间是主题，四周呈放射状。最重要的是，思维导图要符合你的需求。

借助高效工具： 速读记忆是一种高效的阅读学习方法，其训练原理就在于激活"脑和眼"的潜能，培养形成脑眼直映式的阅读学习方式，主要练习提升我们的阅读速度、注意力、记忆力、理解力、思维力等。我们掌握之后，在阅读文章、材料的时候可以快速抓住重点，促进整理归纳分析，提高理解和记忆效率；此外，它不仅可以提高阅读速度，还可以节约大量时间。

搭档学习法： 我们可以找一个小伙伴一起学习，互相监督，一起讨论，因为每个人的思维或多或少地存在差异。当我们和别人讨论时，对于一个题目或者一个知识点，我们会有其他角度的一些理解，不再只拘泥于自己的片面思维。很多人认为学习就应该自己独立安静地进行，但我认为适当的交流也是有利于学习的。重要的是，小伙伴之间是在认真学习而不是一起玩游戏，要真正起到彼此监督的作用才会对学习有帮助。

浅谈物业中的创新服务
@杨颖（物业公司）

随着物业行业的快速发展，物业服务的理念也在不断改变。

先人后己

业主是物业公司的"衣食父母"，作为物业工作人员，应尊重业主，树立高尚情操，把自己放在一个管家的位置上，主动为业主提供服务。例如，当工作人员和业主同乘电梯时，应主动避让，让业主先进先出；在小区，当发现业主提（拿）较重的东西行走时，应主动帮助业主提（拿）东西；当遇到业主投诉时，应体谅对方的心情，分清轻重缓急，抓紧时间尽快办理。只有全力把服务工作做好，物业公司才能得到广大业主的认可。

品位超前

所谓品位超前是指观念要先进，不断接受新鲜事物，做到与时俱进、更新观念，在为业主提供日常专业服务的同时，在生活方式和居住理念上给业主创造高格调、高品位的艺术享受。例如，每逢重大节日进行装饰布置，而这种布置必须反映时代的先进性，适应广大业主的品位，并体现本小区或楼宇的特色。

急人所急

物业工作人员应多站在业主的立场上想问题，把热情服务、贴心服务、主动服务、及时服务结合起来，做到急业主之所急，想业主之所想，切实帮助他们解决实际问题，从而拉近物业公司与业主之间的距离。

温馨提示

温馨提示是一种具有人性化和充满人情味的超值服务，是物业服务上的理念创新和价值创造。一般来讲，温馨提示在时机上要重点把握季节转换、重大事项出台、节假日等，在内容上要重点把握防火、防盗、防寒、防暑等；在形式上要重点把握以书面提示为主；在对象上要重点把握一般针对广大业主群而不是某个业主。实践证明，温馨提示是拉近企业与业主距离的一种好方式，也是实现企业与业主之间多一些融洽、多一些沟通、多一些理解，最终达到人区和谐目的的一种好途径。

养成好习惯 工作要务实
@王钰（物业公司）

大家在平时的工作中要养成做记录的好习惯，做事要有计划，不论是工作还是学习都要学着有计划地去做。事后要有总结、有改进。做事之前和之后都要有检查的过程。对于工作中所需时间、所在地点、所用工具等都要提前有所准备，工作完成后更要检查工作是否到位。计划如何、实施如何、结果如何，这些都要做好统计，以便改善。

部门内分工不分家，互相帮助。团结协作、互相帮助不只是一种工作方法，更是一种品行操守、一种胸怀。工作中互相帮助，就可能避免出错。同一个部门的工作要做到分工不分家，这种方式既可以提高个人能力，也可以提高团队的整体作战能力。

工作中要务实，脚踏实地，从实际出发，说实话、办实事、想实招、求实效。既要真抓实干、求真务实，又要善于谋划、注重总结提升。

规划好时间 提高工作效率
@李影（物业公司）

提高工作效率是提升企业执行力的关键，首先要做的就是规划好时间，安排好工作的总时长。根据公司自身的条件、性质等规划好总时长，再进行详细的工作时间划分。这样既可以保证有充足的工作时间，又能够规划好不同时间的具体工作。

每天先制订需要完成的工作目标，并且分清先后次序，一切按计划进行。把较为复杂且艰巨的工作放在最前面，这样可以帮助你减轻工作压力，发挥潜能。把整件工作划分为几个独立完成的部分，每个部分又分成多个容易解决的步骤，使工作变得有条理。为每一个独立步骤定下最后完成期限，不论在什么情况下，都不要影响工作进度。当然，在很多时候，一个可能性计划能否实现，与你打算如何实践有很大的关系。所以，如果你不打算立即行动，那么无论有多好的计划也都是空中楼阁。

如果没有工作方法的创新和管理水平的提升，就不会有工作的新突破和事物发展的新进展。因此，我们需要继续强化学习，紧跟时代步伐，用开拓创新的态度来对待物业工作，不断提升自我，为业主提供更好的服务，用创新的工作方法投身物业服务，对业主负责，带领他们走向美好的未来，做最具价值的美好生活服务商。

开拓新方法 创新新事业
@张萌（物业公司）

时代在发展，事业在创新，我们的工作也要与时俱进，开拓新的工作方法，提高工作效率，因为在职场上，一个人的工作效率等同于一个人的工作能力。下面我梳理了一些自己在工作中的具体方法。

一是端正自己的工作态度。 工作中必须对自己所从事的工作有足够的重视。当然，前提是你必须热爱自己所从事的工作。如果你选择了自己从事的工作，就应该在这份工作中找到自己的发光点。

二是好记性不如烂笔头。 给自己准备几个特殊的记事本，在上面标注自己要完成的事情或是容易忘掉的事情，这样有助于完成全部的工作，而不会出现遗漏。当然，要定期拿出记事本来翻阅。

三是合理规划。 给自己安排好工作规划，包括日计划、周计划、月计划以及年计划。不要小看这些计划，正是因为有了这些计划，你的工作才能有条不紊地进行。

四是懂得把时间用在刀刃上。 我们应该寻找一种最佳方法，在有限的时间里全力以赴，将工作做到完美。

五是懂得先做到"会"才能做到"快"。 这个探索的过程就像是在一堆未知中找出实现目标的关键要素。

中国铁建地产
CHINA RAILWAY CONSTRUCTION REAL ESTATE
中国铁建

17000元/m²起 公园河景收藏家

西安·西派宸樾

建筑面积约 **145~199m²** 河景生态美宅

City Park

约1500米环形公园 × 约333万平方米大西安中央公园 × 沣河景观带

自然之上是西派

VIP-LINE
029 **8103 6888** ADD·西咸新区沣西新城沣景路与同仁路十字西南角

效果意境合成图

创业者专访：
健康生活的践行者

被访者：陈 松

• 乐仕堡运动健康中心总经理 / 富桂宏康养公司创始人
• 中国举重冠军 / 国家队退役运动员

采访人：李 蕊 中铁房地产集团（广西）有限公司
采访日期：2021年3月22日

1984年出生于广西鹿寨的小伙陈松，身上总有一股敢闯敢拼的韧劲，正是这股韧劲让小小年纪的他就入选了国家举重队，两次获得全国锦标赛冠军。2009年，25岁的陈松从国家举重队退役，回到这片养育他的土地。一无所有的他暗下决心，一定要在南宁做出一番事业。

此后十年，他从打零工开始不断寻找机会，直到2011年，承包经营中国铁建凤岭山语城小区配套游泳池成为他事业的转机，之后他陆续经营了两个露天游泳池和两家健身中心。在广西体育局、南宁体育局的大力支持下，他携手中国铁建地产共同打造了退役运动员创业就业实习基地、广西健身教练职业技能培训基地。多年来，这些基地接收和培养了大量广西退役运动员，并不断输送优秀退役运动员参加社会实践，使他们有了

用武之地，不仅更快地融入社会，还以专业的职业技能帮助广大居民科学健身、正确养生。陈松曾被多家媒体作为青年一代的榜样报道，更获得了"南宁体育风云人物"的荣誉称号。2016年，在全国退役运动员就业创业成果展示活动中，陈松获得了最高奖。他又一次用自己的方式为广西体育界争得了荣誉。

一路走来，陈松先生常说的一句话是："人生如逆旅，我亦是行人。"这种洒脱的人生态度，如同他钟爱的体育事业。他将体育融入工作与生命，他将体育的精

神和理念发挥到极致，他要尽其所能去帮助更多时时刻刻努力奋斗着的运动员。他用心与智慧承载起一个为"健康"服务的企业。

不同于传统实业，大众对康养项目的认知普遍是"一掷千金"的产业，而康养项目又是解决我国老龄化社会问题的方向。对于一个普通创业者来说，这是一条异常艰辛的路，过程中也不乏面临较多的危机，而创始人陈松却始终坚定地前行。这位年轻企业家，是什么样的信念让他一路笃定坚持？富桂宏又承载着怎样的价值观与理念？它于时代的意义是什么？带着这样的疑问，我们与陈松进行了一次对谈，真实地走近了这位年轻的创业者。

问：您说您的人生经历带给您不平凡的体验与思考，能简单介绍一下您的创业故事吗？

陈松：我是一个土生土长的农民的儿子。13岁那年，一个偶然的机会，我被广西鹿寨的一位举重教练发现，从此成为体校的一名小小举重运动员。5年之后，我被选拔进入国家队，在国家的培养下，我两次获得全国举重冠军。那时的我踌躇满志，内心有一个为国争光的奥运梦。然而在奥运选拔前夕，我因伤病复发而痛失机会。大家知道，运动员的职业比赛生涯非常短暂，尤其是挑战身体极限的举重运动。那时的我可以说是从云端坠入谷底，心灰意冷、一蹶不振，于是毅然选择退役，执拗地推辞了执教和安置的工作，只想逃离一切我熟悉和熟悉我的环境。

退役后的我，从高高的领奖台走入社会，迷茫而无所适从，我这才突然发现不得不面对现实。我心一横，告诉自己要彻底忘记过去，一切从头开始。之后，我送过货、开过车、干过木工装修、做过游泳教练。我不得不挑起生活的重担，但我也不断感悟过去，思考着未来应该如何发展。现在看来，那时的我更像是在等待一个机会。果然，功夫不负有心人，2011年春天，中铁房地产集团（广西）有限公司在南宁凤岭北开发的西班牙风情大盘——中国铁建·凤岭山语城面临首期交付，为了使配套游泳池真正服务于业主，中铁建房地产集团（广西）有限公司（以下简称"公司"）向社会招商经营游泳池。冥冥中我感受到了机会，经过这么多年各个行业的探索，我知道我这辈子离不开体育，参加不了比赛，那就换一种方式为体育事业做贡献吧。我积极参与此次招商洽谈，公司领导或许认可了我的专业技能、或许被我运动员的职业素养打动，或许被我退役运动员艰难的创业经历而感动，亦或许我服务业主、传递体育精神、倡导全面健身的理念与公司的社会责任相契合，总之我很感谢公司选择了我，给我这个机会，更给予我最大的支持，不仅5年没有收任何租金，而且公司投入资金从经营角度改造配套的游泳池，甚至还补贴我运营初期的亏损。从此，我真正迈出了创业的第一步。

问：对您来说，这一生最重要的事情是什么？

陈松：这个话题很难回答……可以这么说，我觉得在生命中能够有一个既定的目标，能够有体育局的大力支持，有公司这样的合作伙伴作为坚强的后盾，让我能够一步一个脚印去实现目标，这是最让我感激和喜悦的事。

目前，体育运动的价值更多在于概念层面，而让概念落地，用现有的条件去服务、去帮助更多的人变得健康，不断宣传健康的理念，以一个小区为中心向外辐射，连成片、汇成面，将体育的精神转为人民的意识，我希望富桂宏未来能够在产品与服务方面做得越来越好，实现人民美好生活的愿望。

问：一个退役运动员向创业者转型，相信您承受了很大的压力，是什么样的动力使您坚定地选择了体育健康产业作为创业方向？

陈松：运动员生涯不仅带给我荣誉和自信，而且培养了我坚韧不拔的性格和不达目标不放弃的精神，从一个普通的农民的儿子到如今的创业者，是体育让我蜕变。经过这些年的思考，我才真正认识到体育带给社会的内涵，它不仅是一块金牌所赋予的荣誉，那是狭隘的认知，体育真正要体现的是一种拼搏的精神，一种民族的自信，更是一种健康的生活方式。基于认知上的转变，我的人生目标也发生了转变，我不再纠结于一次比赛的成败、一块奖牌的得失，而是将体育真正融入社会，深入大众的思想意识，健康的体魄、健全的人格才是社会稳定安定的基础。

问：从创业之初的坚持到现在的规模化运营，从一个社区游泳池的经营者，到全民健身理念的推行者、体育精神的倡导者、康养企业的创始人，这一路必然会遇到很多困难险阻，您是如何面对的？渡过难关的关键是什么？

陈松：我喜欢喝茶，在我的每个场馆，都会设有一个茶室，在那里，我经常约三五好友或者不同行业的老领导谈心，通过交谈不断丰富自己的认知，纠正自己

思想的偏差。每日的静心冥想已经成为我的习惯，整理所有的见解，结合经验与教训，在一片茶香之中反复思考、训练和升华自己。

我常常自我疗愈，我会告诉自己，什么困难都没有关系，当下的困难是现阶段需要去经历的，面对并接纳它，不去否定和影响自己。换个角度来看，我们所遇到的困难和险阻，当我们自身的力量和智慧提升时，任何困难都可以被克服，或者说困难依然在那里，只是自己的内心不会再受其所扰。如此，内心的平和宁静才能让人更睿智。

我会尽全力做好当下的事，无论遇到什么，回归我的价值观，用真诚和热爱面对困难，征服它或者适应它。

问：您如何在身心与商业产品之间找到平衡？

陈松：对于个人潜意识的追求和大环境的洞察，康养产业符合国情需要，而且对我来说，一直从事健身行业让我拥有独特的商业敏锐性和韧性，经商如做人，经商的本质还是对规则的敬畏；另外，我有足够的自知和开放的思维，愿意不断学习，懂得如何优势互补，愿意与志同道合的人一起谋划。

我会坚持做一家有生命力、有情怀的企业，我的产品与体育精神要高度契合，要拥有带给大众健康的能力，要通过产品来践行健康的理念。在这个过程中，我认为价值观、服务、理念和商业模式是企业良性循环的保障。

问：您希望打造一支怎样的团队？团队的成员成为怎样的人？具体该怎么做呢？

陈松：我目前已经有一支专业的退役运动员教练团队和专业的客户服务团队，团队中的每位成员都有共同的价值观——为了全民健康的信念而努力，为推广壮乡长寿文化及养生健康理念而努力。大家除了不断学习，更新技能，更要不断地用健康理念去充实内心，克服和摆脱内心价值感的匮乏。企业最终只是一个平台或者说是一个舞台，每位退役运动员，每个团队成员都有展示自己和自我发挥的空间，只要肯思考、敢尝试、脚踏实地、用心耕耘，就一定有收获。我只要将正确的价值观灌输到团队成员中，就能通过大家不断影响周围的人，带动我们的客户，形成蝴蝶效应，最终实现人民健康幸福生活的目标。

我们清楚地认识到
在瞬息万变的今天
认清自己，珍惜平台，专注目标
为团队成员的理想插上翅膀
这就是富桂宏的意义
也是我们存在的根本

——陈松

团队小伙伴：
我眼中的近丰先生
与海兰咖啡坊

文／朱盈盈

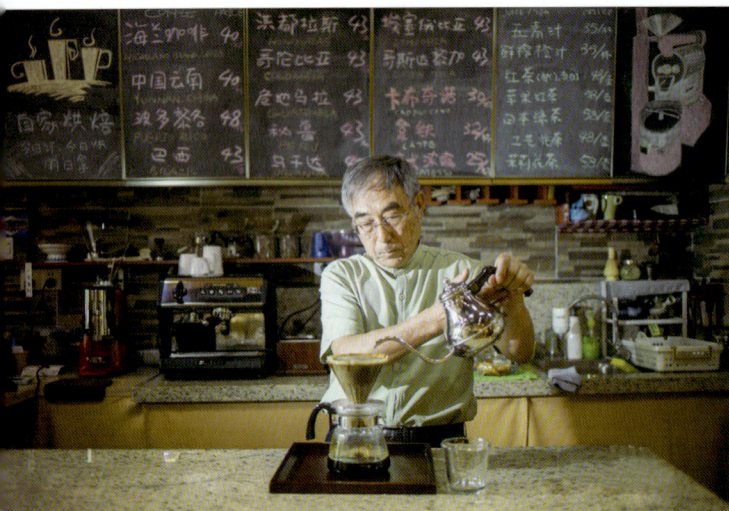

出于对咖啡的痴迷，72岁高龄的他报读了在日本具有百年历史的河野（KONO）咖啡私塾学校，学习专业的咖啡调制技术。他的勤奋好学使他像年轻人一样顺利完成学业，他取得高级咖啡烘焙师证书，成为广州咖啡界知名的职业人。

他就是我先生的父亲——海兰咖啡坊创业者近丰先生。出生于日本新潟县的近丰先生今年已80多岁。在他18岁时，一次偶然的机会，他第一次品尝到了纯正的咖啡，他被咖啡中充满层次感的酸、甜、苦、甘吸引，从此一发不可收拾地爱上了咖啡，每周至少要去一次咖啡馆。当时，咖啡在日本刚刚兴起，作为舶来品，咖啡的价格并不便宜。对于当时还是工薪族的近丰先生来说，每周喝上一杯咖啡可以算得上是一种奢侈的享受了。

18年前，他赴任中国，退休后定居在广州南沙。2010年，海兰咖啡坊开业了，那年近丰先生73岁。开咖啡店与他原本从事的机电行业，几乎是完全不着边际的两件事情。

咖啡文化在广州南沙并不算普及，做纯手冲咖啡的店在南沙更是寥寥无几。"把好喝的咖啡分享给当地人"成为近丰先生开店的初衷之一。秉承着要成为专业咖啡人的态度，近丰先生以72岁的高龄回到日本，到专业咖啡培训学校学习，成为班上年纪最大的学生！在中国与日本之间多次往返，经过将近1年的学习，他不仅习得了专业的咖啡制作技术，还取得了学校颁发的证书。

近丰先生的海兰咖啡坊坐落在广州南沙自贸区一个幽静的住宅区外。店面虽小却很温馨，花园整洁、优雅，从店里飘出来的咖啡香气萦绕在园中。所有的美味

"人活在世上要做许许多多的事情，既然决定要去做，就应该做到最好。"近丰先生遵循自己的人生准则，以一种严谨的匠人精神，把对咖啡的挚爱融入咖啡坊的经营中。从原材料开始严控咖啡的品质，精心筛选出来自南美、非洲和亚洲等地区的有机咖啡豆。他还购买了先进的咖啡豆烘焙机，为顾客现场烘焙、现场研磨、现场调制，力求为顾客提供新鲜、高品质的香醇咖啡。

当下，各式各样的咖啡馆遍布中国，喝咖啡在都市人中日渐流行，但寻到一杯真正的好咖啡，绝非易事。"酒香不怕巷子深"，近丰先生的好咖啡，就像咖啡的香气一样蔓延开来，经过口口相传，得到了广大咖啡爱好者的喜爱和认同。

近丰先生亲切的微笑、一丝不苟的服务，以及店员细致入微的关照，让每一位顾客流连忘返。不少顾客已将这里作为自家的饭堂，也常有回头客驱车几十分钟专程来这里喝一杯咖啡。

有位顾客说："这里不仅提供好咖啡和好料理，还提供一种生活方式"。都市人步履匆匆，海兰咖啡坊用一杯好咖啡、一餐美味料理，传递着宁静和安逸。

（本文作者系中铁建南沙投资发展有限公司职员）

基于新鲜的食材，咖啡也不例外。作为一种富含油脂的农作物，咖啡豆会被虫蛀而坏掉；储存不当还会变潮、发霉；放置久了，咖啡豆会被氧化。这样有问题的咖啡豆如果不挑出去，不仅会影响咖啡的味道，还会损害人体健康，甚至成为致癌物。基于这样的认知，近丰先生对咖啡豆的甄选近乎苛刻。不仅货比三家，只选优良产地的当季豆子，他甚至特别准备了一台显微镜，以杜绝有问题的咖啡豆混进来。

中国铁建·（济南）花语拾光

花漾拾光　语鉴美好

一席洋房宽境　致敬泉城理想生活

好的建筑是这样的——我们居住在其中，却感觉不到自然在哪里终了，艺术在哪里开始……

——林语堂

它是李清照诗行里惊起一滩鸥鹭的池边雅堂，是老舍笔下风姿绰约、来了就不想走的老城，是季羡林文中无法忘却的动人故乡，它就是泉城济南，这座城市的气韵与灵魂都藏在生活点滴的美好里。作为国匠央企的中国铁建地产，正是被这份美好所吸引，依高新东置业热土，承千亿央企品质精工，延"语系"作品生态建筑之美，筑低密洋房社区，缔造自然与人文交融的和谐人居生活。

中国铁建·花语拾光项目承袭"语系"精髓，以不凡品质引领泉城青年置业者的人居潮向，项目坐落于郭店片区、唐冶片区和高新东区三区黄金交会潜力之地，乘"东强"大势，以臻萃洋房社区，树区域品质标杆。

艺术与自然相融的美妙就是人们对洋房最初的向往。花语拾光以11层低密洋房，致敬城市理想生活，以极致低密布局，保障了社区人口密度和楼距，让人与人、人与建筑、建筑与自然的距离和关系达到更加和谐的统一。

在园林打造方面，花语拾光充分考量城市特有的人文情怀，提取泉城的文化符号，结合历史悠久的名园风骨，以"两街、四园"为布局，打造"鳞映清泉"的人文活力生活社区，同时专注360°全生命周期关怀，将五大主题活动区相互串联，构筑一个适宜全龄的社区环境。

在内部配套的打造上，同样贯彻了项目全生命周期的思考：自配有幼儿园及小学、社区商业中心、医疗服务中心、体育活动场所，商体医教配套俱全，打造幼有所教、壮有所乐、老有所养的全龄生活环境。

除了丰盈的配套之外，与居住品质更加息息相关的是产品设计。目前，花语拾光在售产品的建筑面积为95～135㎡的4类户型，从三口之家的95㎡到全龄宜居的110㎡，从全家优居的125㎡到四面奢阔的135㎡，宽厅阔台的全新设计、南北通透的空间格局，最高约82%的超高得房率，充分考究居住体验，为千家万户的置业者提供理想的选择。

向往的生活确幸被央企的匠心唤醒，骨子里的理想情怀则因洋房而共鸣。中国铁建地产满怀对这座城市的热爱与敬仰，携"语系"巨著致献泉城，以一颗诚挚匠心筑造城市品质人居，为泉城书写未来美好生活的新篇章。

中国铁建·（唐山）唐颂国际

国匠筑华宅　国风颂盛世
东方国著　传颂唐山

千载人文传承，百年工业肇兴。回溯历史，追忆初心，从"铁建担道义"的大钊精神到百折不挠的抗震精神，寄托着唐山这座英雄城市迈向辉煌的光荣梦想。作为唐山涅槃重生的建设者之一，中国铁建肩负国匠央企的责任荣归唐山，高瞻远瞩择址唐山中轴之上，引领城市未来的国家高新区，以"三格九制"国风大宅——中国铁建·（唐山）唐颂国际敬献唐山百姓厚望，迭新唐山人居典范。

随着我国国家实力的不断增强，国人文化自信不断提升，在住宅选择上也迎来了集体回归。作为新中式建筑的集大成者，中国铁建·（唐山）唐颂国际以"融贯中西、归心府院"的思想为核心，集萃中国风骨的形胜之美、门高府阔的显赫之仪、天地围合的门庭之礼，将建筑融入生活，营造雍容大度的府院宅邸。

以东方美学诠释现代生活，中国铁建·（唐山）唐颂国际景观设计借鉴中式传统院落的布局，遵从传统礼序之道，打造"山掩云海、水映楼台"的院落格局，将山水人文引入生活空间，营造诗意文化生活。在"山、水、云、台"四园中，分置登门礼府、山影花屏、云海天地、坐观山水、屏影藏幽、杏林探花、光影叠瀑、御道竹影八大景观，移步易景，美不胜收。

"苔痕上阶绿，草色入帘青，谈笑有鸿儒，往来无白丁"是很多人对理想生活的美好期许，也是园林设计师的追求。中国铁建·（唐山）唐颂国际遵循"颐养结合，健康宜居"的人居理念，融入当代人的生活追求，根据不同年龄居住者的需求，将健身跑道、童梦运动城堡等休闲运动设施置入园林规划，为居住者提供美好的生活环境。

中国铁建·（唐山）唐颂国际户型的建筑面积为100~143㎡，南北通透，动线清晰明快，格局方正大气。暖春意正浓，执笔寄家音；在生机勃发的绿意中，匠心雕琢的美好家境也愈加清晰；待到交付时，于繁华闹市中寻得一隅宁谧栖居之所，动静相宜、繁简有序，理想生活在府韵中，定将别有一番风味。一期家境盛启，二期主体封顶；春回大地，心归唐颂，不负韶华，静待美好。

中国铁建地产项目服务热线

中国铁建·（北京）理想家
地址：北京市大兴区黄村镇清源路地铁站西200米
电话：010-61218888

中国铁建·（北京）山屿湖
地址：北京市海淀区温泉镇山屿湖售楼处
电话：010-62458888

中国铁建·（北京）理想谷
地址：北京市海淀区中关村环保科技园地锦路环保嘉苑13号院西侧
　　　（理想谷营销中心）
电话：010-53317815/6

中国铁建·（北京）花语府
地址：北京市大兴区南海子公园西门
电话：010-69280088

中国铁建·（北京）西山梧桐
地址：北京市门头沟区永定镇政府南侧
电话：010-53511616

中国铁建·（北京）梧桐浅山
地址：北京市平谷区夏各庄镇中国铁建梧桐浅山接待中心
　　　（平谷区夏各庄镇卫生院对面）
电话：010-50930666

中国铁建·（北京）国际公馆
地址：中国铁建国际公馆接待中心（亦城科技中心2号楼底商）
电话：010-88778898

中国铁建·（天津）西派国印
地址：天津市河北区金钟河大街与万柳村大街交口
电话：022-26288999

中国铁建·（天津）公馆189
地址：天津市河北区金钟河大街与红波路交口
电话：022-26113366

中国铁建·（天津）花语津郡
地址：天津市河北区金钟河大街与红波路交口
电话：022-26785588

中国铁建·（石家庄）花语城
地址：河北省石家庄市正定新区恒阳路18号中国铁建花语城售楼处
电话：0311-89176666

中国铁建·（唐山）唐颂国际
地址：河北省唐山市国家高新区建设路与庆南道交叉口西侧
　　　（大陆海鲜西行100米）
电话：0315-3869999

中国铁建·（张家口）西山国际城
地址：河北省张家口市赐儿山隧道南行1.5千米处
电话：0313-4876666

中国铁建·（张家口）林语上院
地址：河北省张家口市赐儿山隧道南行1.5千米处
电话：0313-4237777

中国铁建·（济南）花语拾光
地址：山东省济南市历城区工业北路与春晖路交会口西行2.5千米
电话：0531-67778777

中国铁建·（大连）海语城
地址：辽宁省大连市钻石港湾北岸生活区东方路南侧
电话：0411-39648888

龙湖中铁建·（沈阳）云璟
地址：辽宁省沈阳市大东区轩兴四路与桦林街交会处
电话：024-88107777

中国铁建·（长春）西派府
地址：吉林省长春市经开区洋浦大街与合肥路交会处
电话：0431-81347777

龙湖中铁建·（长春）云璟
地址：吉林省长春市高新区超强街与宜居路交会处（南行300米）
电话：0431-84505555

中国铁建·（长春）西派唐颂
地址：吉林省长春市高新北区湖畔街与中盛路交会处
　　　（北湖湿地公园东侧）
电话：0431-81817777

中国铁建·（上海）香榭国际
地址：上海市奉贤区扶兰路18弄
电话：021-60458888

中国铁建·（苏州）花语江南
地址：江苏省苏州市工业园区万寿路88号
电话：0512-66777777

中国铁建·（苏州）花语天境
地址：江苏省苏州市相城区高铁新城青龙港路39号澄阳路与胡巷街交会处
电话：0512-68726666

中国铁建·（苏州）拙政江南
地址：江苏省苏州市姑苏区平家巷180号（拙政园北门）
电话：0512-62666666

中国铁建·（杭州）花语天境
地址：浙江省杭州市拱墅区石祥路249太阳城二楼
电话：0571-82136666

中国铁建·（绍兴）花语江南
地址：浙江省绍兴市越城区曲屯路与梅山路交叉口
电话：0575-85027777

中国铁建·（宁波）海语天下
地址：浙江省宁波市海曙区丽园南路与南苑街交会处
电话：0574-56577777

中国铁建·（宁波）花语江湾
地址：浙江省宁波市江北区环城北路与星湖路交叉口
电话：0574- 55122888

中国铁建·（嘉兴）花语江南
地址：浙江省嘉兴市南湖区城南路与博海路口
电话：0573-83388888

中国铁建·（杭州）国际公馆
地址：浙江省杭州市拱墅区石祥路223号
电话：0571-88359999

中国铁建·（湖州）莫干山语
地址：浙江省湖州市德清县武康镇舞阳街与新丰路交叉口往南约300米
电话：0572-8256666

中国铁建·（常州）花语江南
地址：江苏省常州市天宁区龙城大道与青业路交会处
电话：0519-89866666

中国铁建·（南京）花语熙岸
地址：江苏省南京市江北新区临滁路与新浦路交会处
电话：025-85815888

中国铁建·（南京）青秀城
地址：江苏省南京市栖霞区迈尧路89号
电话：025-85805888

中国铁建·（南京）花语江南
地址：江苏省南京市雨花台区凤台南路与兴隆大街交叉口
电话：025-52858888

中国铁建·（徐州）原香漫谷
地址：江苏省徐州市云龙区新城区秦郡路9号
电话：0516-85822888

中国铁建·（成都）西派国樾
地址：四川省成都市双流区华府大道与万顺路交会处
电话：028-85108888

中国铁建·（成都）西派浣花
地址：四川省成都市青羊区清江东路与鸣翠路交会处
电话：028-67256655

中国铁建·（成都）西派金沙
地址：四川省成都市西三环与百仁东路交会处成都实验小学（尚雅校区）旁
电话：028-63287777

中国铁建·（成都）西派澜岸
地址：四川成都市高新区天府一街1566号
电话：028-66312888

成都天投·中国铁建·（成都）鹿溪樾府
地址：四川省成都市天府新区兴隆湖畔独角兽岛旁
电话：028-8916 3666

中国铁建·（重庆）西派城
地址：重庆市江北区江北嘴大佛寺桥北侧
电话：023-67868888

中国铁建·（重庆）西派时代
地址：重庆市巴南区龙汇路鱼洞二小昕晖校区旁
电话：023-68087888

中国铁建·（重庆）西派宸樾
地址：重庆市大渡口区钢花路1155号
电话：023-68636666

中国铁建·（重庆）青秀阅山
地址：重庆市沙坪坝区凤中路环线上桥站旁
电话：023-68188999

中国铁建·（重庆）南山和院
地址：重庆市南岸区茶园黄明路
电话：023-62329999

中国铁建·（达州）中国铁建广场
地址：四川省达州市通川区西河路62号（达州火车站站前）
电话：0818-8016666

中国铁建·（昆明）西派国樾
地址：中国·昆明·巫家坝·中央公园旁
电话：0871-65222888

中国铁建·（昆明）山语桃源
地址：中国·昆明·呈贡·市政府中央公园旁
电话：0871-63966888

中国铁建·（西安）西派国樾
地址：陕西省西安市雁塔区软件新城天谷二路与云水二路交会处东南角
电话：029-87306888

中国铁建·（西安）西派国际
地址：陕西省西安市未央区北二环与太华南路交会处东南角
电话：029-89365588

中国铁建·（西安）西派时代
地址：陕西省西咸新区沣西新城白马河路与永平路十字东北角
电话：029-81036888

中国铁建·（太原）花语堂
地址：山西省太原市万柏林区长风街与晋祠路交会处往北约500米
电话：0351-7588888

中国铁建·（太原）西府国际
地址：山西省太原市万柏林区西中环与兴华西街交会处往东200米路南
电话：0351-7967777

中国铁建·（南宁）安吉山语城
地址：广西南宁市西乡塘区发展大道66号（安吉万达北侧）
电话：0771-5822666

中国铁建·（南宁）西派澜岸
地址：广西南宁市江南区江南大道83号
电话：0771-3299666

中国铁建·（南宁）云景山语城
地址：广西南宁市青秀区凤景路6号
电话：0771-4306666

中国铁建·（南宁）江湾山语城
地址：广西南宁市邕宁区江湾路7号
电话：0771-5782885

中国铁建·（南宁）西派御江
地址：广西南宁市青秀区灵龟路19号
电话：0771-3306666

中国铁建·（广州）海悦国际
地址：广东省广州市南沙自贸区万顷沙兴隆路
电话：020-31078888

中国铁建·（广州）环球中心
地址：广东省广州市南沙自贸区进港大道与丰泽西路交会处
电话：020-31156666

中国铁建·（广州）海语熙岸
地址：广东省广州市南沙区凤凰大道与黄阁南路交会处
电话：020-84528888

中国铁建·（广州）花语岭南
地址：广东省广州市番禺区万博金山谷旁
电话：020-23886888

中国铁建·（广州）国际公馆
地址：广东省广州市增城区中新镇景新国际旁
电话：020-32635888

中国铁建·（广州）西派云峰
地址：广东省广州市白云新城广外旁
电话：020-22328888

中国铁建·（佛山）领秀公馆
地址：广东省佛山市顺德区北滘镇三乐路莘村公交站南侧
电话：0757-26329999

中国铁建·（佛山）凤语潮鸣
地址：广东省佛山市顺德区大良逢沙大道欢乐海岸PLUS旁
电话：0757-22268666

中国铁建·（福州）三江花语
地址：福建省福州市仓山区富安路与清富路交会处
电话：0591-83690999

中国铁建·（珠海）湖心公馆
地址：广东省珠海市斗门区云湖路东侧平华大道南侧
　　　（未来城销售中心展点）
电话：0756-5209888

中国铁建·（珠海）未来城
地址：广东省珠海市斗门区云湖路东侧平华大道南侧
电话：0756-8888588

中国铁建·（三亚）海语东岸
地址：海南省三亚·东岸总部经济区·迎宾路北侧·东岸中路1号
电话：0898-88951188

中国铁建·（江门）总部基地
地址：广东省江门·滨江新区·江门总部基地
电话：0750-3888886

中国铁建·（武汉）江语城
地址：湖北省武汉市东西湖区泾河街道金山大道与新城十二路交会处
电话：027-88667766

中国铁建·（武汉）知语1901
地址：湖北省武汉市蔡甸区汉阳大街与文兴路交会处
　　　（老汉阳一中地块）
电话：027-86859999

中国铁建·（武汉）国著上宸
地址：湖北省武汉市硚口区解放大道与建设大道交会处
电话：027-88185555

中国铁建·（长沙）梅溪青秀
地址：湖南省长沙市岳麓区沐风路与东方红路交会处东北角
电话：0731-89702181

中国铁建·（长沙）湘语梅溪
地址：湖南省长沙市梅溪湖CBD雪松路107号（体育公园旁）
电话：0731-88489888

中国铁建·（合肥）悦湖国际
地址：安徽省合肥市长丰县合淮路与育才路交口
电话：0551-65661990

中国铁建·（贵安）花语墅
中国铁建·（贵安）山语城
地址：贵州省贵安新区贵州省医科大学附属贵安医院正对面
电话：0851-82287777

中国铁建·（毕节）西派澜岸
地址：贵州省毕节市德溪新区百里杜鹃路德溪湿地公园旁
电话：0857-8685555

中国铁建·（贵阳）国际城
地址：贵州省贵阳市南明区小车河畔
电话：0851-86113333

中国铁建·（贵阳）青秀楠庭
地址：贵州省贵阳市南明区富源南路25号
电话：0851-88178888

中国铁建·（贵阳）青秀2046
地址：贵州省贵阳市南明区花冠路东侧
电话：0851-88176666

中国铁建·（贵阳）铁建城
地址：贵州省贵阳市南明区车水路
电话：0851-85113333

中国铁建·（贵阳）花语墅
地址：贵州省贵阳市南明区奥莱旁花语墅营销中心
电话：0851-83666555

中国铁建·（贵阳）阳明文旅城
地址：贵州省贵阳市修文县龙扎大道快速路
电话：0851-82209999

中国铁建·（遵义）国际公馆
地址：贵州省遵义市红花岗区海尔大道（区政府正对面）
电话：0851-26078888

中国铁建·（遵义）西派府
地址：贵州省遵义市红花岗区忠庄清华中学前行100米
　　　（遵义大道和共青大道交会处）
电话：0851-26077777

寻界·释我·存真
BOUNDARIES – RELAXATION – GENUINENESS

创造 只为收藏
Create

建筑面积约120~165m² 时代恒产 | 建筑面积约286~370m² 天幕行邸

成都天投
TIANFU INVESTMENT GROUP CO.,LTD
中国铁建地产
CHINA RAILWAY CONSTRUCTION REAL ESTATE
中国铁建
新西派
鹿溪樾府
拥世界湖
揽成都心
LUXI
MANSION
鹿溪樾府
两梯两户纯板式
建筑面积约143~172m² 南北通透湖居大宅
028-89163666 天府新区·兴隆湖畔·独角兽岛旁 CRCC
备案名：鹿溪樾府小区，推广名：鹿溪樾府。本资料为要约邀请，仅供形象宣传，不构成开发商承诺，最终以政府批准的文件及买卖合同为准。两梯两户纯板式结构（南北通透）为项目2、3、6、7、8、10、11号楼。以上效果图与实际呈现存在差异，意境图与项目无关。开发企业名称：成都创城置业有限公司，代理销售机构名称：中铁建地产集团设计咨询有限公司、成都雅信创想房地产营销策划有限公司，整合推广：九段传播。制作时间：2021年5月。预售许可证号：蓉预售字第510110202123707号。